章炳麟传

许寿裳◎著

吉林人民出版社

图书在版编目（CIP）数据

章炳麟传 / 许寿裳著 . —长春：吉林人民出版社，2018.4

（大师传记系列 / 刘清越主编）

ISBN 978-7-206-14802-6

Ⅰ . ①章… Ⅱ . ①许… Ⅲ . ①章太炎（1869-1936）—传记 Ⅳ . ① B259.25

中国版本图书馆 CIP 数据核字（2018）第 071672 号

章炳麟传

著　　者：许寿裳
主　　编：刘清越
责任编辑：翁立涛
开　　本：650mm × 960mm　1/16
字　　数：161 千字
印　　张：14
版　　次：2018 年 6 月第 1 版
印　　次：2023 年 5 月第 2 次印刷
出　　版：吉林人民出版社
印　　刷：天津兴湘印务有限公司
定　　价：39.80 元

目录

第一章　最近三百年来中国政治和学术的鸟瞰

第一节　绪　言

一　革命元勋

章先生名炳麟，字枚叔，爱慕昆山顾炎武的为人，改名曰绛，别号太炎。是革命元勋，同时是国学大师。这个革命的意义是什么？只要一看那时代的背景，便可了然。先生公元1869年（民国纪元前四三年，即清同治八年），生于浙江余杭县东乡，生年比国父小三岁。那时候，正是中英缔结不平等条约——《南京条约》的二十七年，英法联军攻破北京后九年，太平天国运动被消灭后五年。从里面看，满清政府的腐败一天厉害一天；从外面看，列强帝国主义的压迫一天沉重一天。但是当时士大夫们苛且偷安，懵然无觉。所谓优秀分子者，也不过或言变法，或谈立宪，议论纷纷，徒乱一般人民的视听。自从先生以历史民族之义提倡光复，“首正大义，截断众流”，又和国父相见定交，同谋革命，先生的文字鼓吹的力量，特别来得闳大壮美。因之遭逮捕，入幽牢，百折不挠，九死无悔，而后国民感慕，翕然从风。其于民国艰难缔造之功，国父而外，实为第一，所以称之曰革命元勋。

二 国学大师

至于章先生学术之大，也是前无古人。试看满清一代的学术，惟有语言文字之学，就是所谓“小学”，的确超轶前贤，光芒万丈，其余多是不振。其原因就在满洲入关以后，用种种凶暴阴险的手段来消灭我们汉族的民族意识。我们看了足以惊心动魄，例如兴文字狱呀，焚书呀，删改古书呀，民多忌讳，所以歌诗、文史趋于枯窳；愚民策行，所以经世实用之学也复衰竭不堪。使一般聪慧的读书人，都只好钻入故纸堆中，做那考据训诂的学问。独有先生出类拔萃。虽则，他的入手工夫也是在小学，然而以朴学立根基，以玄学致广大。批判文化，独具慧眼，凡古今政俗的消息，社会文野的情状，中、印圣哲的义谛，东西学人的所说，莫不察其利病，识其流变，观其会通，穷其指归。“千载之秘，睹于一曙”，这种绝诣，在清代三百年学术史中没有第二个人，所以称之曰国学大师。

三 中华民国国名的解释

章先生的地位，无论在中国学术史上，或在中国革命史上都是卓绝的。我们有国父和先生才有革命，有革命才有“中华民国”。要晓得我们的中华民国之称，尚系发源于先生的《中华民国解》。现在录一节如下：

> 中国之名，别于四裔而为言。印度亦称摩伽陀为中国，日本亦称山阳为中国，此本非汉土所独有者。就汉土言汉土，则中国之名，以先汉郡县为界。然印度、日本之言中国者，举中土以对边郡；汉土之言中国者，举领域以对

异邦，此其名实相殊之处。诸华之名，因其民族初至之地而为言。世言昆仑为华国者，特以他事比拟得之；中国前皇曾都昆仑以否，史无明征，不足引以为质。然神灵之胄自西方来，以雍、梁二州为根本。宓羲生成纪，神农产姜水，黄帝宅桥山，是皆雍州之地；高阳起于若水，高辛起于江水，舜居西城（原注：据《世本》，西城为汉中郡属县，故公孙尼子言舜牧羊于汉阳。据《地理志》，汉中郡褒中县有汉阳乡），禹生石纽，是皆梁州之地。观其帝王所产，而知民族奥区，斯为根极。雍州之地，东南至于华阳而止；梁州之地，东北至于华阳而止。就华山以定限，名其国土曰华，则缘起如是也。其后人迹所至，遍及九州。至于秦、汉，则朝鲜、越南皆为华民耕稼之乡，华之名于是始广。华本国名，非种族之号。然今世已为通语，世称山东人为侉子者，侉即华之遗言矣。正言种族，宜就夏称。《说文》云："夏，中国人也。""蛮夷猾夏"，《帝典》已有其文，不知起于夏后之世。或言远因大夏，此亦与昆仑华国同类。质以史书，夏之为名实因夏水而得。是水或谓之夏，或谓之汉，或谓之漾，或谓之沔，凡皆小别互名；本出武都，至汉中而始盛，地在雍、梁之际。因水以为族名，犹生姬水者之氏姬，生姜水者之氏姜也。夏本族名，非邦国之号，是故得言诸夏。其后因族命地，而关东亦以东夏著。下逮刘季，抚有九共，与匈奴、西域相却倚，声教远暨，复受汉族之称，此虽近起一王，不为典要；然汉家建国，自受封汉中始，于夏水则为同地，于华阳则为同州，用为通称，适与本名符会。是故华云，夏云，汉云，随举一名，互摄三义，建汉名以为族，而邦国之义斯在；建华名以为国，而种族之义亦在：此中华民国之所以谥。

（太炎《文录·别录卷一》）

由此可知华是国名，原于华山。雍、梁二州，中间以华山山脉为界（秦岭山脉应正名为华山山脉）。我们的祖先开国，本以这二州做根据。故就华山山脉以定方位，而名其国土曰华。夏是族名，《说文》训中国之人。因为本是族名，并非邦国之号，所以得称诸夏。国父说过：“民族主义就是国族主义，在中国是适当的，在外国便不适当。”这句遗训，于今于古，都是恰当的。我们从古以来，自称华夏。华夏二字连称，便可作为国父所说“民族主义就是国族主义”的一个实证，又得先生这样明白地解释，使人豁然贯通，真可谓之“相得益彰”。

第二节　满洲政府的罪恶

四　满清盗有中夏

满洲爱新觉罗氏是女真的遗族，自从努儿哈赤起兵，蚕食邻部，其子皇太极入据全辽，我国适有流寇之乱，开门揖盗。于是多尔衮、福临父子，乘隙而入，宰割我国土，屠戮我人民，盗窃我政权，卒使黄帝遗胄，沦为奴隶者二百六十七年，四海困穷，救死不给。即如康熙中叶，人们每艳称为家给人足，但按其实际，何尝是如此！唐甄生当其时，他的《潜书·存言篇》有云：“清兴五十余年，四海之内，日益困穷，中产之家，尝旬月不睹一金，不见缗钱，无以通之。故丹农民冻馁，丰年如凶。良贾行于都市，列肆焜耀，冠服华月无；入其家室，朝则囱无烟，寒则蜎体不伸。吴中之氏，多鬻男女于远方，遍满海内。”所谓最盛时期，富庶地方尚且是这样，其余更可想见了。

五　政谷十大罪

满清统治，稔恶盈贯，章先生写其凶虐的情形，历历如画，兹录一节如下：

……今将数虏之罪，我中华国民其悉心以听：昔拓跋氏窃号于洛，伐北群胡，犹不敢陵轹汉族。虏以要害之地，建立驻防，编户齐民，岁供甲米，是有主奴之分，其罪一也。既据燕都，征固本京饷以实故土，屯积辽东，不入经费；又镕金巨亿，贮之先陵，穿地藏资，行同盗贼，故使财币不流，汉民日匮，无小无大，转于沟壑，其罪二也。诡言仁政，永不加赋，乃悉收州县耗羡以为己有，而令州县恣取平余；其余厘金夫马杂税之属，岁有增加，外窃仁声，内为饕餮，其罪三也。自流寇肆虐，遗黎彫丧，东南一隅，犹自完具。虏下江南，遂悉残破。南畿有扬州之屠、嘉定之屠、江阴之屠，浙江有嘉兴之屠、金华之屠，广东有广州之屠；复有大同故将，仗义反正，城陷之后，丁壮悉诛，妇女毁郭，汉民无罪，尽为鲸鲵，其罪四也。台湾郑氏，舟师入讨，惧海滨居民之为向导，悉数内迁，特申海禁。其后海外侨民为荷兰所戮者三万余人，自以开衅中华，上书谢罪。大酋弘历，悉置不问。且云寇盗之徒，任尔殄灭，自是白人始快其意。遂令南洋侨民，死亡无日，其罪五也。昔胡元入寇，赵氏犹有瀛果之封，宗室完具，不失其所。满洲狀虏弘光，朱氏旧宗，剿灭殆尽。延恩赐爵，只以欺世，其罪六也。胡元虽虐，未有文字之狱，自知貉子干纪，罪在不赦，夷夏之念，非可划绝。满洲玄烨以后，诛求日深，反唇腹诽，皆肆市朝。庄廷鑨、戴名世、吕留良、查嗣庭、陆生楠、汪景祺、齐周华、王锡侯、胡中藻等皆以议论自恣，或托讽刺国，诗歌字书之间，虏遂处以极刑，诛及种嗣；展转相牵，断头千数，其罪七也。前世史书之毁，多由载笔直臣，书其虐政，若在旧朝，一无所问。虏以人心思汉，宜所遏绝，焚毁旧籍八千余通，自明季诸臣奏议、文集而外，上及宋末之书，靡不烧灭。欲令民心忘旧，习为降虏，其罪八也。世奴之制，普天所无。虏既以厮役待其臣下，汉人有罪，亦发八旗为奴。仆区之法，有逃必戮。诺有隐匿，断斩无赦。背逆人道，苛暴齐民，其罪九也。法律既成，即当遵守，军容国容，互不相入。虏既多设条例，务为纠葛。督抚在外，一切以便宜从事。近世乃有就地正法之制，寻常私罪，多不复按。府电朝下，囚人夕诛。好恶因于郡县，生杀成于墨吏。刑部不知，按察不问，遂令刑章枉桡，呼天无所，其罪十也。警察之设，本以禁暴诘奸。虏既利其虚名，因以自煽威虐，狙伺所及，后盗贼而先士人；淫威所播，舍奸宄而取良奥。朝市骚烦，道路侧目，其罪十一也。犬羊之性，父子无别。多尔衮以盗嫂为美谈，玄烨以淫妹为法制。其他烝报，史不绝书。汉士在朝，习其淫慝。人为雄孤，家有麀鹿。使中夏清严之俗，扫地无余，其罪十二也。官常之败，恒由贿赂，前世赃吏，多于朝堂杖杀，子姓流窜，不齿齐民。虏有封豕之德，卖官鬻爵，著在令典，简任视事，率由苞苴。在昔大酋弘历，常善任用贪墨，因亦籍没其家，以实府藏。盗风既长，互相什保。以官为贾，以法为市。子姓亲属，因缘为奸，幕僚外嬖，交伍于道。官邪之成，为古今所未有，其罪十三也。氈笠绛缨以为帽，端罩箭衣以为服。索头垂尾以为放鬘，鞅靮璎珞以为饰。往时以蓄发死者遍于天下，至今受其维絷，使我衣冠礼乐，夷为牛马，其罪十四也……

（《太炎文录》卷二《讨满洲檄》）

第三节　民族主义的沦没

六　文字狱

国父说：“民族主义这个东西，是国家图发达和种族图生存的宝贝。中国到今日已经失去了这个宝贝。……并且不只失去了一天，已经失去了几百年。”这是说我们的民族主义被满清政府消灭了的痛史。其所用以消灭的方法不一，有软的，有硬的。前者示恩，如开博学鸿辞科之类，以牢笼士人；后者示威，如屡兴文字狱、焚书及删改古书之类，以毁坏历史。兹仅将后者三项，分节略述：

文字狱的案件甚多，不仅由于讥刺清朝，所谓“反动”而已。亦有出言隔膜，或乡曲迂儒，不识忌讳，或草野愚民，关心皇室，然其运命大抵悲惨。现在此类档案，已由故宫博物院陆续刊布。这里仅就上节所述关系民族思想的庄廷鑨等九人之狱，略叙述如下：

（一）庄廷鑨《明史》之狱。廷鑨，浙江人。编《明史辑略》，于清廷的事概施直笔，为归安知县吴之荣所揭发，时廷鉞已卒，乃戮其尸，株连死者七十余人。

（二）戴名世《南山集》之狱。名世，安徽人。《南山集》多采取方孝标所记，并用永历年号，遂处以极刑，族皆弃市。

（三）吕留良选文之狱。留良，浙江人。评选时文，内有论夷夏之防。国亡著书，多种族之感。雍正时，以曾净狱牵涉，至于戮尸，株连甚众。

（四）查嗣庭试题之狱。嗣庭，浙江人。为江西正考官。试题曰："维民所止。"讦者谓此"维止"二字，是取"雍正"二字而去其头。胤禛帝竟谓其逆天负恩，并且迁怒于浙江全省的士子，谓恐其效尤，乃停乡、会试若干年。此亦一段清代考试的史料。嗣庭死于狱，仍被戳尸。

（五）陆生楠论史之狱。生楠，广西人。著《通鉴论》十七篇。胤禛谓其借古诽今殽乱国事，乃被杀于军前。

（六）汪景祺作诗之狱。景祺，浙江人。随年羹尧为记室，作《西征随笔》。胤禛谓其作诗讥讪圣祖，大逆不道，立斩枭示，其妻子发往黑龙江，给穷披甲为奴。

（七）齐周华刻书之狱。周华，浙江人。好游览，有《五狱游草》，足迹遍天下。以保吕留良，刻其书，磔于市。

（八）王锡侯字书之狱。锡侯，江西人。作《字贯》一书，于《康熙字典》多所纠正。胤禛以其凡例内将庙讳及御名开列，就算不敬，治以大逆之罪。

（九）胡中藻诗抄之狱。中藻，广西人，鄂尔泰门生。鄂与张廷玉二人互相龃龉，朝官依傍门户者，彼此攻讦，倾轧不已。弘历帝深恶之，因欲借文字狱以示惩儆。中藻所刻诗曰《坚磨生诗抄》，弘历乃指二藻以此自号，为有心谋逆，且寻摘诗词中疑似的字句，指为谤讪诋毁，遂被弃市。

七　焚书

焚书亦是十四大罪之一。国父说："所有关于记载满洲、匈奴、鞑靼的书，一概定为禁书，通通把它消灭，不准人藏，不准人看。"因为弘历假奖励文化的美名，行察勘禁书的私意，所以章先生揭发其隐并列举书名及著者甚详，今摘录一段如下：

> ……自满洲乾隆三十九年，既开四库馆，下诏求书，命有触忌讳者毁之。四十一年，江西巡抚海成献应毁禁书八千余通，传旨褒美，督他省催烧益急。自尔献媚者蜂起。初下诏时，切齿于明季野史。（原注：谕曰："明季末造，野史甚多，其间毁誉任意，传闻异辞，必有诋触本朝之语。正当及此一番查办，尽行销毁，杜遏邪言，以正人心，而厚风俗。"）其后四库馆议：
>
> 虽宋人言辽、金，明人言元，其议论偏谬尤甚者一切拟毁。及明隆庆以后，诸将相献臣所著奏议、文录，若高拱《边路》，张居正《太岳集》，申时行《纶扉简牍》，叶向高《四夷考》、《籧编》、《苍霞草》、《苍霞余草》、《苍霞续草》、《苍霞奏草》、《苍霞尺牍》，高攀龙《高子遗书》，邹元标《邹忠介奏疏》，杨涟《杨忠烈文集》，左光斗《左忠毅公集》，缪昌期《从野堂存稿》，熊廷弼《按辽疏稿》、《书牍》、《熊芝冈诗稿》，孙承宗《孙高阳集》，倪元璐《倪文正遗稿》、《奏牍》，卢

象昇《宣云奏议》，孙传庭《省罪录》，姚希孟《清閟全集》、《沆瀣集》、《文远集》、《公槐集》，《公槐集》中有《建夷授官始末》一篇，马世奇《澹宁居集》诸家，丝帙寸札，靡不燃爇。虽茅元义《武备志》，不免于火（原注：《武备志》今存者，终以诋斥尚少，故弛之耳）。厥在晚明，当弘光、隆武，则袁继咸《六柳堂集》、黄道周《广百将传注》、金声《金太史集》；当永历及鲁王监国，则钱肃乐《偶吟》，张肯堂《寓农初议》，国维《抚吴疏草》，煌言《北征纪略》；自明之亡，一二大儒，孙氏则《夏峰集》，顾氏则《亭林集》、《日知录》，黄氏则《行朝录》、《南雷文定》，及诸文士侯、魏、丘、彭所纂述，皆以诋触见烬。其后纪昀等作《提要》，孙、顾诸家稍复入录，而颇去其贬文。或曰：朱、邵数君子实左右之。然隆庆以后至于晚明，将相献臣所著，靡有孑遗矣！其他遗闻轶事，皆前代逋臣所录、非得于口耳传述，而被焚毁者不可胜数也。……乾隆焚书无虑二千种，畸重记事，奏议、文献次之……

（《检论》卷四《哀焚书》）

八　删改古书

国父说：“到了乾隆时代，连满汉两个字都不准提起了，把史书都要改过，凡是当中关于宋、元历史的关系和明、清历史的关系，通通删去。”同门鲁迅也说：“乾隆朝的纂修《四库全书》，是许多人颂为一代之盛业的。但他们不但捣乱了古书的格式，还修改了古人的文章；不但藏之内廷，还颁之文风颇盛之处。”《四部丛刊续编》

中，多系影宋刊本或旧抄本，还保存着满清暗杀中国著作的案卷，所以他举出两部书：（一）宋洪迈的《容斋随笔》至五笔。（二）宋晁说之的《嵩山文集》。洪氏书，据张元济跋，其中有三条就为清代刻本所没有。例如《容斋三笔》卷三里的《北狄俘虏之苦》：

> 元魏破江陵，尽以所俘士民为奴，无分贵贱，盖北方夷俗皆然也。自靖康之后，陷于金虏者，帝子王孙，官门仕族之家，尽没为奴婢，使供作务。每人一月支稗子五斗，令自舂为米，得一斗八升，用为餱粮；岁支麻五把，令缉为裘。此外更无一钱一帛之入。男子不能缉者，则终岁裸体。虏或哀之，则使执爨，虽时负火得暖气，然才出外取柴归，再坐火边，皮肉即脱落，不日辄死。惟喜有手艺，如医人绣工之类，寻常只团坐地上，以败席或芦秸衬之，遇客至开筵，引能乐者使奏技，酒阑客散，各复其初，依旧环坐刺绣，任其生死，视如草芥……

至于《嵩山文集》，卷末就有单将《负薪对》一篇和《四库》本相对比，以见一斑的实证。现在摘录几条在下面，大抵非删则改，语意全非。

《旧抄本》：

> 金贼以我疆场之臣无状，斥候不明，遂豕突河北，蛇结河东。
>
> 犯孔子《春秋》之大禁。
>
> 以百骑却虏枭将。

彼金贼虽非人类，而犬豕亦有掉瓦恐怖之号，顾弗之惧哉！

我取而歼焉可也。

太宗时，女真困于契丹之三栅，控告乞援，亦卑恭甚矣。不谓敢睥睨中国之地于今日也。

忍弃上皇之子于胡虏乎？

何则？夷狄喜相吞并斗争，是其犬羊狺吠咋啮之性也。唯其富者最先亡，古今夷狄族帐，大小见于史册者百十，今其存者一二，皆以其财富而自底灭亡者也。今此小丑不指日而灭亡，是无天道也。

褫中国之衣冠，复夷狄之态度。

取故相家孙女姐妹，缚马上而去，执侍帐中，远近胆落，不暇寒心。

《四库本》：

金人扰我疆场之地，边城斥侯不明，遂长驱河北，盘结河东。

为上下臣民之大耻。

以百骑却辽枭将。

彼金人虽甚强盛，而赫然示之以威令之森严，顾弗之惧哉！

我因而取之可也。

太宗时，女真困于契丹之三栅，控告乞援，亦和好甚矣。不谓竟酿患滋祸一至于今日也。

忍弃上皇之子于异地乎？

遂其报复之心，肆其凌侮之意。

故相家皆携老襁幼，弃其籍而去，禁掠之余，远近胆落，不暇寒心。

鲁迅说：“即此数条，已可见“贼”、“虏”、“犬羊”是讳的；说金人的淫掠是讳的；“夷狄”当然要讳，但也不许看见“中国”两个字，因为这是和“夷狄”对立的字眼，很容易引起种族思想来的。但是这《嵩山文集》的抄者不自改，读者不自改，尚存旧文，使我们至今能够看见晁氏的真面目。”

（《鲁迅全集》：《且介亭杂文·病后杂谈之余》）

综观以上三节，都是满清政府用来消灭汉人的民族意识，使对于历史文化，不致发生观感，也使后世对于满洲的秽德，无从知道。其藏身之固，防汉之术，可谓周密！哪里知道一到晚清，他们的阴谋完全暴露，我们民族意识的潜力也重新发芽了。

第四节　帝国主义的猖狂

九　外患纷呈

清代的内政既极腐败，以至外患纷呈，国权日蹙。中间以鸦片战争《南京条约》的订立，为划定外交新局面的界线，前乎此者是自尊自大，看不起外国人；后乎此者是一味屈辱，造成无数国耻。每当割土地、丧权利的时候，满洲政府所持惟一的政策是“宁与仇人，不与家奴”。其侮辱我们全体汉族为“家奴”，丧心病狂，已至于此！现在先把鸦片战争以后外患的年代，列一简表如下：

1842年（清道光二十二年）鸦片战争结局，与英议和，订《南京条约》，割香港，许五口通商，是为中国对外第一次之失败。

1857年（咸丰七年）英法同盟军陷广州。翌年至天津，陷大沽炮台。

1860年再至天津，陷通州，入北京，毁圆明园。奕詝帝避难热河，为外兵侵入国都之第一次。

1879年（光绪五年）日本灭琉球。

1880年曾纪泽出使俄国，议改收还《伊犁条约》。

1882年与俄定《喀什噶尔东北界约》。

1884年中法战起，翌年议和，失安南。

1886年与英订缅甸条约，失缅甸。

1893年英法共谋暹罗，废止入贡。

1894年中日战起，翌年马关议和，割台湾、澎湖列岛，失朝鲜。

1897年德占胶州湾。

1898年俄借旅顺、大连。英租威海卫。

1899年法占广州湾。

1900年八国（英、俄、日、法、德、奥、美、意）联军入北京，载湉帝避难西安。翌年订《辛丑和约》。

1903年日俄战起，以我东三省为战场。

1905年与日订《满洲协约》。

1910年（宣统二年）外蒙库伦携贰。日本并灭朝鲜。

1911年英兵侵据片马。

综观由鸦片战争到辛亥革命，中国的国际关系可以分成三个时期：第一时期：自鸦片战争到中日战争，而《天津条约》又是其中的一个关键。第二时期：自中日战争到八国联军，而《马关条约》实为改变中日过去平等关系为不平等关系的枢纽。第三时期：《辛丑和约》以后。在第一时期，帝国主义者在中国作平行的竞争；在第二时期，他们由平行转入对峙，英日同盟与俄法同盟就是国际对峙的产物；在第三时期，八国联军之后，国际对峙的形势，更盘旋于门户开放与共同瓜分的两种政策之间。门户开放政策，首倡者为美国，而英国和之。然而日本不甘心辽东半岛的退让，而帝俄在东北亦继续其独占的企图。于是有1903年日俄在中国领土之内的东三省鏖战，以划分其势力范围的国耻。而日本亦从此遂确立了它的大陆政策的初基，以为今日为祸于亚洲和世界的起点。

十　国权日蹙

国权日蹙的要目，如割地，如租界，如势力范围、租借地，如使馆界，如领事裁判权，如外国军队驻扎权、军舰行驶停泊权，如海关税务管理权、关税协定权，如沿海贸易权、内河航行权，如铁路建筑权，如矿山开采权，如设厂制造权，等等，其影响所及，使我国家民族在政治、经济各方面，无不颓风外暴，危机内伏，国将不国，民亦非民，几将毁灭我再生的基础，杜绝我复兴的根源，实为历史先例之所无。

章先生尝谓列强帝国主义的凶暴，甚于满清政府。二者均应攘除，然不能不先其所急，而以推翻满清为首要。有云："哀我汉民，宜台宜隶，鞭箠之不免而欲参与政权，小丑之不制而期捍御哲族，不其忸乎？"

（《文录》卷二《中夏亡国二百四十二年纪念会书》）

第五节 固有学术的消沉

十一 清代学术的畸形发达

清代学术，惟有小学昌明，余多不振，绪言中已发其端。这种学术上的畸形发达，就因为在异族统治之下，顾忌太多的缘故。鲁迅说："说起清代的学术来，有几位学者总是眉飞色舞，说那发达是为前代所未有的。证据也真够十足：解经的大作层出不穷，小学也非常的进步；史论家虽然绝迹了，考史家却不少；尤其是考据之学，给我们明白了宋、明人绝没有看懂的古书。……我每遇到学者谈起清代的学术时，总不免同时想：'扬州十日'、'嘉定三屠'，这些小事情，不提也好罢；但失去全国的土地，大家十足做了二百五十年的奴隶，却换得这几页光荣的学术史……"（《花边文学·算账》）言之极为沉痛。有人以为满清一代，国学渊微，发明已备，后生只要追踪前修，无须更事高深。此乃浅见之言，其实缺陷正多着呢！考史者虽则留心于地理、官制，而其他如姓氏、刑法、食货、乐律之学，却无一不见衰微。章先生有云：

> 姓氏之学，自《元和姓纂》以降，郑樵亦粗明其统绪；至邓氏《辩证》，渐确凿矣。元、明以降，转变增损，又益繁多，未见近代有治此者也（原注：《元史·民族志》别是一种）。刑法之学，旧籍惟《唐律》为完，汉、晋、南北朝之事，散在史传，如补兵以减死，督责以代

仗，又皆律外方便之门，皆当校其异同，评其利病，又未见近代有治此者也。食货之学，非独关于租赋，而权度之大小，钱币之多少，垦田之盈诎，金银粟米之贵贱，皆与民生日用相系，此不可不论列者，又未见近代有治此者也。乐律之学，略有端倪，陈氏《通义》，发明荀勖之学，可谓精且博矣。然清康熙朝所审定者，丝声倍半相应，竹声倍半不相应，相应者乃八与一，九与四。其言人气折旋，必有度数，皆由证验所明，更谓丝器不可以名律吕，亦可谓得理者。而陈君犹取倍半相应之说，两者孰是？必听音而后知之，非衍算所能尽理，又未有商略是非者也。斯四术者，所包闳远，三百年中，何其衰微也！此皆实事求是之学，不能以空言乱者，既尚考证，而置此弗道乎？

（章先生《自述学术次第》）

十二　先生学术的精深独到

先生更进言清代的小学与玄理，并且自述其独到之处，与下文第十三节所引可以互参。其言云：

近世小学，似若甚精，然推其本则未究语言之原，明其用又未综方言之要。其余若此类者，盖亦多矣。若夫周、秦九流，则眇尽事理之言，而中国所以守四千年之胙者。玄理深微，或似佛法，先正以邹鲁为衡，其弃置不道，抑无足怪。乃如庄周天运，终举巫咸，此即明宗教惑人所自始。惠施去尊之义，与名家所守相反。子华子迫生不若死之说，又可谓管乎人情矣。此皆人事之纪，政教所关，亦未有一时垂意者。汪容甫略推墨学，晚有陈兰甫始略次诸子异言，而粗末亦已甚。此皆学术缺陷之大端，颀鄙所以发愤。古文经说，得孙仲容出，多所推明。余所撰者，若《文始》、《新方言》、《齐物论释》，及《国故论衡》中《明见》、《原名》、《辨性》诸篇，皆积年讨论，以补前人所未举……

（《自述学术次第》）

综观以上所述，满清政府的罪恶，帝国主义的猖狂既如彼，民族主义的沦没，固有学术的消沉又如此，在这暗无天日的中间，忽然现出了光明的救星，这便是章先生所负的使命。换句话说，便是救中国——光复中华，振兴学术——的事业。其所完成的，不但和曾国藩这一派的洋务，康有为这一派的变法截然不同，就是和梁启超的运动，有志革命而仍徘徊于君主立宪的，也根本有别。这是先生伟大的所在。

第二章　革命元勋的章先生

第六节　幼年期的民族思想

十三　幼年的民族思想和外祖的启发

古来伟大的天才，其萌芽每见于幼年时期，但亦须有启发导引之人，知所爱护，不使它中途摧折，才能欣欣向荣，开灿烂无比的花，结硕大无朋的果。所谓“小时了了，大未必佳”者，大概由于环境或教育违背了自然，不能遂其发展的缘故。章先生从小聪慧，读书多悟，内心所含的民族主义的种子发芽最早，愤满洲统治之虐，明《春秋》夷夏之防，而又有外祖朱有虔及时启导。在先生十一二岁的时候，外祖就把蒋氏《东华录》中曾静案，讲给他听，并且说夷夏之防不可不严。

先生便问：“以前的人有谈过这种话没有？”

朱答：“王船山、顾亭林已经谈过，尤其王氏的话，真够透彻，说道‘历代亡国，无足轻重；只有南宋之亡，则衣冠文物亦与之俱亡了。’”

先生说：“明亡于清，反不如亡于李闯。”

朱答："现在不必作此说。如果李闯得了明的天下，闯虽不是好人，他的子孙却未必都是不好的人，但现在不必作此说。"

（参阅朱希祖所记《本师章太炎先生口述少年事迹》）

章先生的民族主义伏根之早如此！年十三四，就能够读《东华录》，年二十就读全祖望文，于郑成功事，愤然欲与满清拼命。

十四　民族思想的发达和运用

可是返观当时一般的情形，大不相同。凡是反对革命最烈的人，都是反对民族主义的。如康有为（《章先生痛驳康氏》见第七节）、如杨度便是。杨度曾做了一篇《金铁主义说》，反对民族主义，其大意略说：中国云者，以中外别地域之远近也；中华云者，以华夷别文化之高下也。即此以言，则中华之名词，不仅非一地域之国名，亦且非一血统之种名，乃为一文化之族名。故《春秋》之义，无论同姓之鲁、卫，异姓之齐、宋，非种之楚、越，中国可以退为夷狄，夷狄可以进为中国，专以礼教为标准，而无有亲疏之别。其后经数千年混杂数千百人种，而其称中华如故。先生本其卓识，发为鸿之，痛斥杨氏之有三惑，最足以看出先生民族思想的发达和运用。其言曰：

为是说者，盖有三惑：一曰未明于托名标识之事，而强以字义反傅为言。夫华本华山，居近华山而因有华之称。后代华称既广，忘其语原，望文生训，以为华美，以为文明，虽无不可，然非其第一义，亦犹夏之训大，皆后起之说耳。……今夫蛮夷戎狄，固中国所以表别殊方者。其始画种为言，语不相滥，久之而旃裘引弓之国，皆得被以斯名。

胡本东胡、久之而称匈奴者亦谓之胡，久之而称西域者亦谓之胡，番本吐蕃，久之而称回部者亦曰西蕃，久之而称台湾之野人者亦曰生番。名既滥矣，而不得谓同称者即为同国同族。况华之名，犹未同也。特以同有文化，遂可混成为一，何其奢阔而远于事情耶？二曰援引《春秋》以诬史义。是说所因，起于刘逢禄辈，世仕满洲，有拥戴虏酋之志，而张大《公羊》以陈符命，尚非《公羊》之旧说也。按中国自汉以上，视蛮、闽、貉、狄诸族，不比于人，故夷狄无称人之例。

《春秋》尝书邢人，狄人伐卫，齐人、狄人盟于邢，《公羊》不言其义。夫引异类以剪同族，盖《春秋》所深诛。狄不可人而邢人、齐人人之，则是邢人、齐人自侪于狄也。非进狄人，实以黜邢人、齐人。

《老子》有言，正言若反。观于《春秋》书狄为人，其言有隐，其声有哀，所谓志而晦哉……夫弃亲昵而媚诸夷，又从而则效之，则宜为人心所深嫉。今人恶范文程、洪承畴、李光地、曾国藩辈，或更甚于满洲，虽《春秋》亦岂有异是？若专以礼教为标准者，人之无道，至乎杀父烝母而极矣。何《春秋》之书此者，亦未尝贱之如狄也……夫子本楚之良家，而云楚为非种，以忧劳主父，效忠穹庐故，遂不惮污辱其乡人，虑大义灭亲之太过也。盖《春秋》有贬诸夏以同夷狄者，未有进夷狄以同诸夏者。杞用夷礼，则示贬爵之文。若如斯义，满洲岂有可进之律？正使首冠翎顶爵号已图鲁者，当退黜与夷狄等耳。三曰弃表谱实录之书，而以意为衡量，如彼谓混淆殊族至千百种，历久而称中华如故是也。夫言一种族者，虽非铢两衡校于血统之间，而必以多数之同一血统者为主体。何者？文化相同，自同一血统而起，于此复有殊族之民，受我抚治，乃得转移而翕受之。若两血统立于对峙之地者，虽欲同化莫由……或曰：若如是，则满洲人亦居少数而已，稍稍同化于我矣，奚不可与同中国为？答曰：所以容异族之同化者，以其主权在我，而足以翕受彼也。

满洲之同化，非以受我抚治而得之，乃以陵轹颠覆我而得之。二者之不可相比，犹婚媾与寇之例。以婚媾之道，而归女于吾族，彼女则固与吾族同化矣；以寇之道，而据我寝宫，入我床第，亦未尝不可与我同化，然其为怨为亲，断可识也。吾向者固云所为排满洲者，亦曰覆我国家、攘我主权之故。若其克敌致果，而满洲之汗，大去宛平，以适黄龙之府，则固当与日本、暹罗同视，种人顺化，归斯受之而已矣。然主权未复，即不得举是为例……

（《文录·别录卷》卷一《中华民国解》）

此外，如《检论》中之《序种姓》上、下二篇，如《清建国别记》，都是辨章族类的名著。

第七节　会见国父痛驳康有为时期

十五　英杰定交，同谋匡济

章先生提倡民族主义，著书立说，渐次为世所重。戊戌政变，长江一带通缉多人，先生的名字亦在其内。乃避地台湾，以为彼地有郑成功的遗风，割隶日本未久，当有可图，然终于没有所就。翌年己亥，游日本，始在梁启超坐中，遇见国父，尚未相知。迨至庚子年，唐才常事败，先生虽非同谋，亦被通缉、翌年掌教苏州东吴大学，并木刻《訄书》行世，为巡抚恩铭所诇知，欲兴大狱。乃于壬寅春，再避日本。其时国父方在横滨，英豪会见，握手定交，这是中国革命史上应大书特书的事。

> ……余亦素悉逸仙事，偕力山（按：秦道）就之。逸仙导余入中和堂，奏军乐，延义从百余人会饮，酬酢极欢，自是始定交。
>
> （章太炎先生《自定年谱》）

从此互相往来，革命之机渐熟。中和堂这一会，兴中会的同志，畅叙欢宴，每人都敬先生一杯。先生共饮七十余杯而不觉其醉。国父对于先生雅相推重，凡开国的典章制度，多与先生商榷。先生亦佩服国父的善于经画，《检论》中有《相宅》、《定版籍》诸文，可以窥见一斑。《相宅》系述国父之言，此后建都，谋本部则武昌，谋藩服则西安，谋大洲则伊黎。《定启籍》一文，则系共同讨论土地赋税问题。要之，国父和先生二人，志同道合，千载一会，张良之赞汉章，刘基之佐明主，犹未足以喻其得意，真有“翼乎如鸿毛遇顺风，沛乎若巨鱼纵大壑”之概。

十六　痛驳康有为的莠言

然而“道高一尺，魔高一丈”，其时莠言曰众，上面已经说过，凡是反对革命最烈的人，都是反对民族主义的，康有为便是一个代表。他的《与南北美洲诸华商书》，公然说清帝圣明，并且说中国只可立宪，不能革命。先生作书痛斥，就其两点，在种族异同上，在情伪得失上，层层驳诘，使他体无完肤，莫可开口。文词条畅，洋洋万言。兹引一段如下：

> 若夫今之汉人，判涣无群，人自为私，独甚于汉、唐、宋、明之世，是则然矣，抑谁致之而谁迫之耶？吾以为今人虽不尽以逐满为职志，或有其志而不敢讼言于畴人，然其轻视鞑靼，以为异种贱族者，此其种性根于二百年之遗传，是固至今未去者也。往者陈名夏、钱谦益辈，以北面降虏，贵至阁部，而未尝建白一言。有所补助，如魏征之于太宗，范质之于艺祖者。彼固曰异种贱族，非吾中夏神明之胄。所为立于其朝者，特曰冠貂蝉，袭青紫而已。其存听之，其亡听之。若曰为之驰驱效用，而有所补助于其一姓之永存者，非吾之志也。理学诸儒如熊赐履、魏象枢、陆陇其、朱轼辈，时有献替，而其所因革，未有关于至计者。虽曾、胡、左、李之所为，亦曰建殊勋，博高爵耳。功成而

后，于其政治之盛衰，宗稷之安危，未尝有所筹画焉。是并拥护一姓而亦非其志也。其他朝士，入则弹动权贵，出则搏击豪强，为难能可贵矣。次即束身自好，优游卒岁，以自处于朝隐。而下之贪墨无蓺，怯懦忘耻者所在皆是。三者虽殊科，要其大者不知会计之盈绌，小者不知断狱之多寡。苟得廪禄以全吾室家妻子，是其普通之术矣。无他，本陈名夏，钱谦益之心以为心者，固二百年而不变也。明之末世，五遭倾覆。一命之士，文学之儒，无不建义旗以抗仇敌者。下至贩夫乞子，儿童走卒，执志不屈，而仰药剚刃以死者不可胜计也。今者北京之破，民则愿为外国之顺民，官则愿为外国之总办。食其俸禄，资其保护，尽顺天城之中，无不牵羊把茅，甘为贰臣者。若其不事异姓，躬自引决，缙绅之士殆无一人焉。无他，亦曰异种贱族，非吾中夏神明之胄，所为立于其朝者，特曰冠貂蝉，袭青紫而已。其为满洲之主则听之，其为欧美之主则听之，本陈名夏，钱谦益之心以为心者，亦二百年而不变也。然则满洲弗逐，而欲士之争自濯磨，民之敌忾效死，以期至乎独立不羁之域，此必不可得之数也。浸微浸衰，亦终为欧美之奴隶而已矣。非种不锄，良种不滋；败群不除，善群不殖。自非躬执大彗，以扫除其故家污俗，而望禹域之自完也，岂可得乎？（原注：以上录旧著《正仇满论》）夫以种族异同，明白如此，情伪得失，彰较如彼，而长素犹偷言立宪而力排革命者，宁智不足，识不逮耶？

（《文录》卷二《驳康有为论革命书》）

此文一出，真是朝阳鸣凤，连那些老师宿儒读了，也有深表钦佩的。而且康党的大言眩惑，更自白于天下，所以它的影响是异常重大的。先生后来之所以入狱，此文也是一个重要因素。

第八节　光复会时期

十七　反对勤王　剪除辫发

庚子年夏，唐才常乘义和团之变，召集人士，宣言独立。然尚以勤王为名，部署徒众，欲在汉口起兵。章先生对才常说："我们要谋光复，应该明确推翻满清，不宜首鼠两端，自失名义。倘要勤王，我不敢赞同。"因即断发以示决绝。改定本《訄书》的末篇为《解辫发》，有云：

> ……共和二千七百四十一年秋七月，余年三十三矣。是时满洲政府不道，戕虐朝士，横挑强邻，戮使略贾，四维交攻，愤东胡之无状，汉族之不得职，陨涕涔涔曰：余年已立，而犹被戎狄之服，不违咫尺，弗能剪除，余之罪也。将荐绅束发，以复近古，日既不给，衣又不可得。于是曰：昔祁班孙、释隐玄，皆以明氏遗老，断发以殁。《春秋·穀梁传》曰：吴祝发。《汉书·严助传》曰：越劗发（晋灼曰：劗，张楫以为古剪字也）。余故吴、越间民，去之亦犹行古之道也……

因为剪辫变夷，所关非浅，所以必须考据凿凿，全文在手订《检论》时已经删去了。先生剪辫以后，短发分梳，垂于额际，常著长袍，而外面裹以和服，偶然亦著西装，所谓“方袷直下，犹近古之端衣”。

十八　纪念中夏亡国

壬寅年春，先生和秦遁等十人在东京发起“中夏亡国二百四十二年纪念会”，以励光复，并且撰书告留学生，极为沉痛。书中有云：

> ……昔希腊陨宗，卒用光复；波兰分裂，民会未弛。以吾支那方幅之广，生齿之繁，文教之盛，曾不逮是偏国寡民乎？是用昭告于穆，类聚同气，零涕来会，以志亡国。凡百君子，同兹恫瘝。愿吾滇人无忘李定国，愿吾闽人无忘郑成功，愿吾越人无忘张煌言，愿吾桂人无忘瞿式耜，愿吾楚人无忘何腾蛟，愿吾辽人无忘李成梁……
>
> （《文录》卷二）

这是东京留学界组织爱国团体的权舆。临时，会未开成，因为清使馆假借外力，横来制止，但是大义所被，已经深入人心了。

十九　光复会和陶成章

癸卯年春，留东学生因争俄约，组织义勇队，旋即为清政府所忌，乃自动解散，秘密为“军国民教育会”，与上海主光复者相应和。于是成立“光复会”，宗旨在颠覆满清政府，建立共和国家。先生著《光复军志序》，首述缘起，有云：

余年十三四，始读蒋氏《东华录》，见吕留良、曾静事，怅然不怡，辄言以清代明，宁与张、李也。弱冠睹全祖望文，所述南田、台湾诸事甚详，益奋然欲为浙父老雪耻，次又得王夫之《黄书》，志行益定。而光复会初立，实余与蔡元培为之尸，陶成章、李燮和继之。总之，不离吕、全、王、曾之，旧域也……

（《检论》九卷《大过》附录）

光复会会员如徐锡麟、熊成基等的革命事迹，多见于先生文著中。惟陶成章功大而名最隐，先生之所以未为撰传，所谓犹有忧患者。成章会稽人，为光复会副会长。生平蓬头垢面，芒鞋日行八九十里，运动浙东诸县豪俊起义，屡遭危难，而所向有功。又游南洋群岛，运动侨民。辛亥年自爪哇归时，浙江已反正，举汤寿潜为都督，成章被任为参议，郁郁不得志，自设光复军总司令部于上海，募兵，为忌者所暗杀。其著作有《汉族权力消长史》行世。

第九节　入狱时期

二十　公开讲演革命

自癸卯年春，蔡元培先生设爱国社，以安顿南洋公学的退学生，中国教育会予以赞助。蔡请章先生讲论，多述明、清废兴之事。教育会会员每周至张园公开讲演革命，讲稿辄在《苏报》发表，以先生排满革命之论为最激烈，遂为清政府所注意，后来成为“苏报案”。其时邹容著《革命军》，自署曰：“革命军马前卒。”求先生替它润色。先生喜其文辞浅露，便于感动平民，且给它作序。宗仰出资行，又将先生的《驳康有为论革命书》同时刊出，不及一月，数千册销行立尽。

二十一　“我不入地狱谁入地狱”

于是清政府下了密谕，拿办上海爱国党。上海道商之于总领事。总领事已经签字，但工部局以政治犯例应保护，不肯执行。被拿者六人：章炳麟、蔡元培、邹容、宗仰、吴敬恒、陈梦坡。工部局屡传蔡、吴前去，告以尽力保护之意，实即暗示被拿诸人从速离开上海罢了。不久，两江总督魏光焘派道员俞明震来沪查办，于是蔡赴青岛，吴赴欧洲，陈赴日本，宗仰避居哈同花园。独有章先生不肯去，并且教邹容也不可去，说道：“革命没有不流血的。我被清政府查拿，现在已经第七次了。”清政府严谕魏光焘，有“上海爱国党倡言革命，该督形同聋聩”之语，魏惶恐，因工部局不肯拘人，乃问计于律师，律师以为只有诉诸法律。于是魏光焘代表清政府为原告，控诉章炳麟等六人于会审公廨。工部局于是年闰五月初六日，出票拘人。西捕至爱国学社，进客室，问谁是章炳麟。先生正在客室，自指鼻端答道：“章炳麟就是我。”欣然跟了同去，真有“我不入地狱，谁入地狱”的节概。

如此勇猛无畏，挺然独往，以为生民请命，才真是革命道德的实践者。宜乎后进慕其典型，追其踵武，而革命终以成功。邹容从后门逃出。先生从狱中作书，动以大义，使他自行投到，翌日，邹容果然自首了。

二十二　所谓“罪状”和清政府对质于公堂

此案原告是清政府，律师是英国人，被告是章炳麟等六人，到者二人。裁判官则为会审委员及英国领事，不伦不类，极为可笑。所控

"罪状"，乃是摘取《苏报》中的论说，以及《革命军》、《驳康有为论革命书》中的语句，尤以驳康书中有"载湉小丑，未辨菽麦"两句，视为大逆不道。这正因为带了封建余孽的眼镜，以为呼名不讳，便是大罪。其实翻成白话，就变了平淡无奇。小丑就是小东西，未辨菽麦就是没有常识的意思。况且说载聒未辨菽麦，也是切合实情，并非过甚其辞。要晓得他的祖宗弘历，虽说是个能干的君主，却也是个未辨菽麦的人。他南巡时，不是看到田里种着的稻秧，便问这是甚么草吗？弘历对于民间事业尚且隔膜如此，载湉从小生长在深宫，自然更不消说了。裁判官问章先生有功名否，先生答道："我双脚落地，便不承认满珠，还说甚么功名呢！"接着指出清政府的种种罪状，滔滔不绝。这就是震动全国的"《苏报》案"，从此革命党声气大盛，和清政府对质于公堂，俨然成敌国之势了。

二十三　狱中苦工·邹容之死·出狱东渡

这样审问二次，即行阁置。因为清政府用种种诡计，先以外交手段在京和英国公使交涉，要求引渡二人，而不见许；继又愿以沪宁路权变换，亦不见许。二人初拘在工部局，禁令尚宽，每周可容亲友前去探视一次，到了翌年三月，此案始判决：章炳麟监禁三年，邹容监禁二年，均罚作苦工，监禁期满，"逐出租界"。自移禁西牢之后，即不许接见亲友。狱中所作之工，则为裁缝，缝做那些巡捕的制服之类。狱卒——印度巡捕——狐假虎威，陵暴无状，见先生目力近视，工作偶不敏捷，辄持棍殴击。先生自知无生理，绝食七日而不死。有时亦以拳抵抗凶暴，屡遭踶趹，或竟用软梏挛其手指，有好几次几乎死去。邹容年少性急，不胜压迫，未及满期，即病死于狱中。惟独先生素有涵养，苦役之余，朝夕必研诵《瑜伽师地论》，悟到大乘法义，才能够克服这种苦难。到了丙午年五月初八，即阳历六月二十九日，期满出狱，国父已派孙毓筠在沪迎接。是日晨，同志们集合在工部局门前守候，因为从西牢解放以后，还须经工部局执行“逐出租界”的手续。到了十一时，先生才出，自由恢复，日月重光，同志们鼓掌欢迎，一一与之握手，即晚登日本邮船，东渡至东京。

二十四　狱中日记与诗

先生有《癸卯狱中日记》云：

> 上天以国粹付余。自炳麟之初生，迄于今兹，三十有六岁，凤鸟不至，河不出图。惟余以不任宅其位，繄素王、素臣之迹是践，岂直抱残守阙而已。又将官其财物，恢明而光大之。怀未得遂，累于仇国，惟金火相革欤，则犹有继述者。
>
> 至于支那闳硕壮美之学，而遂斩其统绪，国故民纪，绝于余手，是则余之罪也！
>
> （《文录》卷一）

自知必死，毫无恐怖，惟斯文将丧是悲，其自任以天下之重如此！

狱中有诗，称心而言，不加修饰。《浙江潮》杂志曾登四首，兹录如下：

狱中赠邹容　闰年二十八日

邹容吾小弟，被发下瀛洲。

快剪刀除辫，乾牛肉作糇。

英雄一入狱，天地亦悲秋。
临命须掺手，乾坤只两头。

狱中闻沈禹见杀　六月十二日

不见沈生久，江湖知隐沦。
萧萧悲壮士，今在易京门。
魑魅羞争焰，文章总断魂。
中阴当待我，南北几新坟？

狱中闻湘人杨度被捕有感二首　六月十八日

神孤善埋搰，高鸟喜回翔。
保种平生愿，征科绝命方。
马肝原识味，牛鼎未忘香。
千载《湘军志》，浮名是锁缰。

衡岳无人地，吾师洪大全。
中兴沴诸将，永夜遂沉眠。
长策惟干禄，微言是借权。
借君好颈子，来者一停鞭。

第十节　编辑《民报》时期

二十五　欢迎会上发狮子吼

章先生既抵东京，发长过肩，肌体颇腴，闻系狱中食物无盐之故。

阳历七月十五日留东学生在神田区锦辉馆楼上开会欢迎，到者七千余人，座无隙地，至屋檐上皆满，为的来看革命伟人、中国救星。先生即席演说，发狮子吼。其大意：首先述自己平生的历史，次以涵养、感情两事，勉励大众，庄谐间出，听众耸然。这是寿裳亲接音容、幸蒙受记之始。现将此演说摘录数段于下：

兄弟少小的时候，因读蒋氏《东华录》，其中有戴名世、曾静、查嗣庭诸人的案件，便就胸中发愤，觉得异种乱华是我们心里第一恨事。后来读郑所南、王船山两先生的书，全是那些保卫汉种的话，民族思想，渐渐发达。但两先生的话，却没有甚么学理。自从甲午以后，略看东西各国的书籍，才有学理收拾进来。当时对着朋友，说这逐满独立的话，总是摇头，也有说是疯癫的，也有说是叛逆的，也有说是自取杀身之祸的。但兄弟是凭他说个疯癫，我还守我疯癫的念头……大凡非常可怪的议论，不是神经病人，断不能想，就能想也不敢说，说了以后，遇着艰难困苦的时候，不是神经病人，断不能百折不回，孤行己意。所以古来有大学问、成大事业的，必得有神经病才能做到……近来有人传说：某某是有神经病，某某也是神经病。兄弟看来，不怕有神经病，只怕富贵利禄当面现前的时候，那神经病立刻好了，这才是要不得呢！（鼓掌）略高一点的人，富贵利禄的补剂，虽不能治他的神经病，那艰难困苦的毒剂，还是可以治得的。这总是脚跟不稳，不能成就甚么气候。兄弟尝这毒剂是最多的，算来自戊戌年以后，已有七次查拿，六次都拿不到，到第七次方才拿到。以前三次，或因别事株连，或是普拿新党，不专为我一人。后来四次，却都为逐满独立的事。但兄弟在这艰难困苦的盘涡里头，并没有一丝一毫的懊悔，凭你甚么毒剂，这神经病总治不好。（欢呼）或者诸君推重，也未必不由于此。若有人说，假如人人有神经病，办事必是瞀乱，怎得有个条理？但兄弟所说的神经病，并不是粗豪卤莽，乱打乱跳，要把那细针密缕的思想，装载在神经病里。譬如思想是个货物，神经病是个汽船。没有思想，空空洞洞的神经病必无实际；没有神经病，这思想可能自动的么？以上所说，是略讲兄弟平生的历史。

至于近日办学的方法，一切政治、法律、战术等项，这都是诸君已经研究的，不必提起。依兄弟看：第一要在感情。没有感情，凭你有百千万亿的拿破仑、华盛顿，总是人各一心，不能团结。当初柏拉图说："人的感情，原是一种醉病。"这仍是归于神经病了。要成就这感情，有两件事最是紧要的：第一是用宗教发起信心，增进国民的道德。第二是用国粹激动种性，增进爱国的热肠。

先说宗教……孔教、基督教既然必不可用，究竟用何教呢？我们中国本称为佛教国。佛教的理论，使上智人不能不信，佛教的戒律，使下愚人不能不信。通彻上下，这是最可用的。但今日通行的佛教，也有许多的杂质，与他本教不同，必须设法改良，才可用得。……我们今日要用华严、法相二宗改良旧法。这华严宗所说，要在普度众生，头目脑髓都可施舍与人，在道德上最为有益。这法相宗所说，就是万法惟心，一切有形的色相，无形的法尘，总是幻见幻想，并非实在真有。……有的说佛教看一切众生，皆是平等，就不应生民族思想，也不应说逐满复汉，殊不晓得佛教最重平等，所以妨碍平等的东西必要除去。满洲政府待我汉人种种不平，岂不应该攘逐？且如婆罗门教分出四姓阶级，在佛教中最所痛恨。如今清人待我汉人，比那刹帝利种虐待首陀罗更要利害十倍。照佛教说，逐满复汉，正是分内的事。又且佛教最恨君权。大乘戒律都说："国王暴虐，菩萨有权，应当废黜。"又说："杀了一人，能救众人，这就是菩萨行。"其余经论，王、贼两项都是并举。所以佛是王子，出家为僧，他看做王与做贼一样，这更与恢复民权的话相合。所以提倡佛教，为社会道德上起见，固是最要；为我们革命军的道德上起见，亦是最要。总望诸君同发大愿，勇猛无畏，我们所最热心的事，就可以干得起来了。

次说国粹。为甚提倡国粹？不是要人尊信孔教，只是要人爱惜我们汉种的历史。这个历史是就广义说的，其中可以分为三项：一是语言文字，二是典章制度，三是人物事迹……

第三要说人物事迹。中国人物，那建功立业的，各有功罪，自不必说。但那俊伟刚严的气魄，我们不可不追步后尘。与其学欧、美，总是不能像的，何如学步中国旧人，还是本来面目。其中最可崇拜的两个人：一是晋末受禅的刘裕，一是南宋伐金的岳飞，都是用南方兵士打胜胡人，可使我们壮气。（鼓掌）至于学问上的人物，这就多了，中国科学不兴，惟有哲学，就不能甘居人下。但是程、朱、陆、王的哲学，却也无甚关系，最有学问的人就是周、秦诸子……近代还有一人，这便是徽州休宁县人，姓戴名震，称为东原先生。他虽专论儒教，却是不服宋儒，常说："法律杀人，还是可救，理学杀人，便无可救。"因为这位东原先生，生在满洲雍正之末，那满洲雍正所作朱批上谕，责备臣下，并不用法律上说话，总说："你的天良何在？你自己问心可以无愧的么？"只这几句宋儒理学的话，就可以任意杀人。世人总说雍正待人最为酷虐，却不晓是理学助成的。因此那个东原先生，痛哭流涕，做了一本小小册子。他的书上并没有明骂满洲，但看见他这本书，没有不深恨满洲。这一件事，恐怕诸君不甚明了，特为提出。（鼓掌）照前所说，若要增进爱国的热肠，一切功业学问上的人物，须选择几个出来，时常放在心里，这是最紧要的。就是没有相干的人，古事、古迹都可以动人爱国的心思。当初顾亭林要排斥满洲，却无兵力，就到各处去访那古碑、古碣传示后人，也是此意……

这篇演说，洋洋洒洒，长六千言，是最警辟有价值的救国文字，全文曾登《民报》第六号，而《太炎文录》中未见收入，故特地多抄一些如上。

二十六　《民报》撰文风行海内外

章先生抵东后，即入同盟会，任《民报》（同盟会的机关报）编辑。其中胡汉民、汪兆铭等诘难康、梁诸作，文笔非不锋利，然还不免有近于诟谇之处。惟有先生持论平允，读者益为叹服。而又注意于道德节义，和同志们互相切励：松柏后凋于岁寒，鸡鸣不已于风雨，如《革命道德说》、《箴新党论》二篇，即系本此意而作。《革命道德说》阐明道德衰亡是亡国灭种的根极。凡优于私德者亦必优于公德，薄于私德者亦必薄于公德，无道德者决不能担当革命。至于德目，则引顾炎武所标举的“知耻”、“重厚”、“耿介”。三事之外，更加入“必信”一事。因为前三者还是束身自好之谓，而信则周于世用。虽江湖聚劫之徒，亦惟有信，才能得徒众的死力。我们必须实践此四事，则所谓确固坚厉、重然诺、轻死生者于是乎在。《箴新党论》说明新党的竞名死利，其污辱较前世党人为甚，视顾炎武所讥的明末俗尚之年、社、乡、宗，则略有异同。其相同者，惟年与乡。宗则今日所轻，而重渐移于姻戚；社则今日所绝，而恩又笃于拜盟。新党之所以自相援助，传之自旧，虽昌言维新，而不废者亦有四事：一曰师生，二曰年谊，三曰姻戚，四曰同乡。这种偏弊，至今日犹未能彻底革除。篇末，且论及当时的学生，以为学生之所为，又是新党的变形而已。其言曰：

夫其学术风采，有异昔时，诸所建白，又稍稍切于时用。然其心术所形，举无以异于畴昔。其尊师帅，有异于向者之称门生乎？其应廷试，有异于向者之叙年谊乎？其分省界，有异于向者之护同乡乎？以借权为长策，以运动为格言，凡所施为，复与党人无异。特其入官未久，不如昔人之熟识径途，故不敢冒昧以求一试，迟之数岁，必森然见其头角。且新党虽多谄曲，而品核公卿，裁量执政，犹其所优为者，彼虽恃其客气，外以风节自高，则不得不有所饰伪，今则并其饰伪者而亦不知，惟以阿附群公为事。若夫呵殿出门，登坛自诩，以其爵命夸耀诸生，而视其取青紫如拾芥者，则新党虽顽顿无耻，犹必噤口不言。然则新党者政府之桀奴，学生者当途之顺仆。新党犹马，不饱则不行，学生犹狸，不饥则不用。自专权自恣之政府计之，则学生之谨愿小心，其可用自优于新党。学生用而新党废者，非独时势适然，亦其品格愈卑，易于策使之故……

（《文录·别录》卷一）

凡此所言，皆足以使人警惕，因之同志们奉为圭臬，节操弥坚，舍命不渝，敌忾致果，这都是先生的宿学雄文提倡扶持的力量呢！

其他如《排满平议》、《定复仇之是非》、《代议然否论》、《国家论》、《五无论》、《四惑论》等，名言谠论，不胜枚举。同门李植称之曰：

辨名分，申正义，使天下易其观听，而不惑于保皇、君宪之说。……忧深思远，蒿目而观世变，其立说皆远在二十年前，而流弊隐患之勃发，则在民国建立之后。当时闻其说者，漫不加察，指其无的放矢，而不知先生之虑思深也。

（《余杭章先生事略》）

这话是事实。然当时，《民报》已风行海内外，清政府禁之愈严，而销行愈畅。国内有志的学生，无不阴相转输，竞先讽诵，甚至缙绅耆宿，亦复奋兴感慨，而知光复之不可以已。

《民报》周年纪念会，先生有祝词如下：

我汉族兄弟所作《民报》，俶载至今，适盈一岁。以皇祖轩辕之灵，洋溢八表，方行无阂。自兹以后，惟不懈益厉，为民斗杓。以起征胡之铙吹，流大汉之天声。白日有灭，星球有尽；种族神灵，远大无极。敢昭告于尔丕显皇祖轩辕，烈祖金天，高阳、高辛，陶唐、有虞，夏、商、周、秦，汉、新、魏、晋，宋、齐、梁、陈，隋、唐、梁、周、宋、明，延平、太平之明王圣帝，相我子孙，宣扬国光，昭彻民听。俾我四百兆兄弟同心戮力，以底虏酋爱新觉罗氏之命，扫除腥膻，建立民国。家给人寿，四裔来享。呜呼！发扬蹈厉之音作而民兴起，我先皇亦永有依归！

（《文录》卷二）

第十一节　功成后的做官

二十七　归国

《民报》终于被禁止了。章先生遂专心于讲学与著书。至辛亥年八月十九（阳历十月十日），霹雳一声，大义举于武昌，推黎元洪为鄂军都督，用事者为谭人凤、孙武，都是先生的旧识。嗣闻湖南、江西相继反正，始中止讲业，附轮归国，十月抵上海，盖自去国居夷已经六年了。中华民国元年一月一日，国父就临时大总统职，成立政府，颁行阳历，以江宁为南京。延先生至京，任为枢密顾问。二月，南北和议告成，国父退让，推荐袁世凯，袁遂被选继任，复任先生为高等顾问。袁既就职，同志虑其难制，欲令南来以困之。先生反对。然后来追惩前失，深自引咎，观其《告癸丑以来死义诸君文》，可以知之，有曰：

武昌之师，以戋异族；云南之师，以荡帝制；事虽暂济，而皆不可谓有成功，则何也？异族帝制之势，非一人能成之。其支党槃结于京师者不可胜计。京师未拔，正阳之关未摧，虽仆一姓，毙一人，余蘖犹鸟兽屯聚其间。故用力如转山，而收效如毫毛。遽以是为成功者，是夸诞自诬之论也。人情偷息，抚此小康，未暇计后日隐患。某等虽长虑却顾，不敢自逸，无若众论之灌呶何！自南京政府解散，提挈版籍而致诸大酋，终有癸丑之变。祸患绵亘，首尾四岁，以诒诸君子忧，繄岂小人偷息之咎，某等亦与有罪焉。

二十八　东三省筹边使

先生出仕，除上述顾问外，实仅二职：一为民国元年任东三省筹边使，二为民国六年任海陆军大元帅府秘书长。然为时皆甚暂。筹边使署设于长春，经费既少，僚属仅十人。公事清简，颇注重于测绘土地。先生曾赴三姓，北抵卜魁，凡所规画，外掣手陈昭常辈，内扼于袁氏之忮忌，未能一一展布；然张布告以求民隐，为黑龙江浙江同乡会呈请褒扬吕留良的后裔以振遐荒，又作熊成基哀辞，以彰先烈而斥凶人。凶人指陈昭常。哀辞末段有云：

……今是凶人，贪以败官，又造矫诬以摧义士，其罪视曾扬（即杀秋瑾之张曾扬）且什百。民国政建，而犹晏居东表，专镇一圻，斯实国家之耻。昭告君之神灵，凡今日与奠者，自奠之后，而不能本君革除之志，以锄贪邪，而敢有回旋容阅以为凶人地者，有如松花江！

（《文录》卷二）

其他遗事尚多，如滴道山煤矿事，侨居延吉的韩人求归化事，均见先生《自定年谱》。

民国二年三月，袁世凯使贼杀宋教仁于上海，先生闻之，即日去官奔赴，躬与执綍。

二十九　海陆军大元帅府秘书长

民国六年夏，九省督军皆反。张勋以清废帝溥仪复辟。黎总统避居东交民巷，密令段祺瑞出击张勋，勋败，冯国璋觊觎总统位，迫黎解职。七月，国父率海军总长程璧光与先生及前国务总理唐绍仪赴番禺，九月，被选为海军大元帅，建军政府，先生被任为大元帅府秘书长，为国父草就职宣言，词严义正，末段有云：

文于是时，身在海隅，兵符不属，会海军总长程璧光奉命南来，共商大计。既遣兵轮赴秦皇岛，奉迎黄陂，亦不能致。犹谓人心思顺，必有投袂而起者；迁延旬月，寂然无闻。是用崎岖奔走，躬赴广州，所赖海军守正，南纪扶义，知民权之不可泯没，元首之不可弃遗，奸回篡窃之不可无对抗，国际交涉之不可无代表也。于是申请国会，集于斯地，间关开议，以文为海陆军大元帅，责以戡定内乱，恢复约法，奉迎元首之事。文忝为首建之人，谬膺澄清之责。敢谓神州之广，无有豪杰先我而起也哉！徒以身为与共和生死相系，黄陂为同建国之人，于义犹一体也。生命伤而手足折，何痛如之！艰难之际，不敢以谦让自洁，即于六年九月十日就职。冀二三君子，同德协力，共赴大义。文虽衰老，犹当搴裳濡足，为士卒先，与天下共击废总统者！

三十　桂黔川之行

章先生见广州事难就，欲应云南督军唐继尧之招而西行。国父使人来曰："今人心不固，君旧同志也，不当先去以为人望。"先生曰："此如弈棋，内困则求外解。孙公在广东，局道相逼，未有两眼，仆去为作眼耳。嫌人失望，以总代表任仆可也。"国父从之。遂与议员五人授继尧副元帅印证者同行。正办理护照，准备起程。北京政府商法国公使，电致安南总督，不许革命政府人员过境，因之广州法领事拒绝护照签字。乃各易姓名，先生则易姓名为张海泉，同行者沿途戏以海泉呼之，先生应如响。及抵安南海防，华侨来招待，得安全通过。抵昆明时，继尧衣上将礼服，率饮飞军郊迎，执礼甚恭。遂馆于八邑会馆，每日下午，赴军署欢宴，谈谐至深夜，时或大醉。居半月余，与继尧同赴贵州毕节——川、滇、黔三省军事指挥总部所在地。启行时，先生命制大纛，上书大元帅府秘书长名义，其大超过继尧的约三分之一。继尧的副官长以告，继尧但笑颔之。即令副官长随先生行，照料一切。凡滇、黔旅行者，皆知非在正站则食宿均感不便。兵站供应均设正站，故大军尤应按站而行。先生则随兴所至，或多行二三十里，或少行一二十里，且常索白兰地酒、大炮台香烟，曰借以驱除瘴气。

不久，先生自毕节赴巴，有诗《留别唐元帅》云：

旷代论滇士，吾思杨一清。
中垣消薄蚀，东胜托干城。
形势稍殊昔，安危亦异情。
愿君恢霸略，不必讳从横。
兵气连吴会，偏安问汉图。
江源初发迹，夏渚昔论都。
直北余逋寇，当关岂一夫？
许将筹箸事，还报赤松无？

《文录续编》卷七

此诗勉励继尧，希望其能佐国父扶义，为西南诸将的领袖。

第十二节　功成后的被幽囚

三十一　在共和党本部

在上述两次出仕之间，便是有名的被袁世凯幽囚之期，首尾四载，自民国二年秋至五年夏。地址三易，初为共和党本部，继为龙泉寺，最后则在东城钱粮胡同。

共和党是武汉革命团体，民社中人在民国二年，反对三党合并的进步党而宣告独立的。推黎元洪为理事长，章先生副之。自南事败坏，袁世凯帝制已渐萌芽，先生在上海时时发表反袁文字，一纸甫传，各报竞载。又念袁氏网罗周布，无所逃死；中国既经光复，不愿再做亡命之客。适共和党人急电催先生入都，因为国民、共和二党惩于旧衅，愿意复合，先生决计北行，虽经友人力阻，而先生则谓：

“不入虎穴，焉得虎子。”遂于八月冒险入京，宿共和党本部。袁命陆建章派宪兵守门，名为保护，实则禁其出京，而且监视其言论。至冬，国民党被解散，十二月国会亦解散。某日，先生乘马车出赴晚宴，宪兵跃而登车，前后夹卫，初未注意，及宴毕回寓亦然。先生怪而问之，才知是袁世凯派来保护者。先生大怒，起而持杖逐之。宪兵皆逃。先生喜曰：“袁狗被我赶走了。”其实宪兵被逐以后，仅仅换了便服，仍住门房如故。先生既被软禁，每日书“袁贼、袁贼”以泄愤，又喜以花生米佐酒，尤喜油炒花生，吃时必去其蒂曰：“杀了袁皇帝的头。”以此为乐。某日，建章派秘书长秦某来，请同寓吴宗慈为先容，问其何事，则谓：“敝总长奉大总统命，说章先生居此，虑诸君供亿有乏，将有所赠。”宗慈入告，导与相见。秦某入，致词毕，探怀出银币五百元置书案。先生当初默无一语，至此忽然起立，持币悉掷秦面，张目叱之曰：“袁奴速去！”秦乃狼狈而逃，其时黎副总统居瀛台，颇系念先生起居，召吴宗慈、张伯烈共商所以安慰之策。属转询先生，在京有否愿做的事，并说袁对于先生尚具善意，但不欲其出京及发表任何文字。先生表示愿任“函夏考文苑”事，袁氏允年拨经费十五万元，先生则开具预算，坚持非七十五万元不可。袁允经费可以酌加，但不必如预算所列，亦不必设机关办事。先生最后表示，经费可略减，但必须设机关，办实事。事终不就。

穷愁抑郁，可以伤生。纵酒痛骂，亦非长局，遂决意作冒险出京之计。党部同人设筵为饯，逆料出京必然被阻，但欲其恣饮狂欢以误车行。至下午五时，先生放杯起立说：“时间不早了。”匆匆赴车站，而京奉车早经开出，不得已，移寓扶桑馆，以便明晨由水门上车，派庶务员同住照料。明晨，宗慈得庶务员电话报告：“章先生独自赴总统府了。”服蓝布长衫，手持羽扇，以勋章作扇坠，兀坐新华门招待室候电话。不久，梁士诒来招待，方致词，先生曰：“我见袁世凯，哪里要见你？”梁只好默然而去。旋又一秘书来说：“总统刚才事忙，请稍候。”久久没有消息，先生怒，打毁招待室的器物略尽。直至下午五时许，陆建章始入，鞠躬向先生曰：“总统有要公，劳先生久候，深为抱歉！今遣某迎先生入见。”先生熟视一晌，随陆出登马车，车出东辕门，先生怪而问曰：“见总统，为何不入新华门？”陆佯笑对曰：“总统在居仁堂，出东辕门，过后门，进福泽门，车可直达，以免步行。”而先生不知已被骗了。

三十二　在龙泉寺

从此禁锢在龙泉寺。龙泉寺偏院屋五间，颇整齐清丽。袁氏谕建章应特别优待，不得加以非礼，但不许其越雷池一步。建章奉命惟谨，先生则焦怒，常以杖扫击器物，并欲焚其屋宇，建章只吩咐守者慎防而已。据建章言：“袁曾手示八条，保护太炎先生：（一）饮食起居，用款多少不计。（二）说经讲学文字，不禁传抄；关于时局文字，不得外传，设法销毁。（三）毁物骂人听之，物毁再购。（四）出入人等严禁挑拨之徒。（五）何人与彼最善，而不妨碍政府者，任其来往。（六）早晚必派人巡视，恐出意外。（七）求见者必持许可证。（八）保护全权完全交给你。”建章又告人曰：“太炎先生是今之郑康成。黄巾过郑公乡，尚且避之。我奉极峰命，无论先生性情如何乖僻，必敬护之；否则并黄巾之不如了。”由此可知袁、陆二人，对于先生尚知敬畏。记得移居龙泉寺的翌日，袁克文亲送锦缎被褥，未敢面先生。先生觉窗缝外有人窥探，牵帷一看，乃是袁克文。即入室点香烟，把被褥烧成许多洞穴，累累如贯珠，遥掷户外，曰：“拿去！”三年夏，先生又绝食七八日，神气转清，惟步起作虚眩。其时弟子们环吁床前，请进食，先生始尝梨一片。旧友黄节致书当事，道不平。当事恐先生饿死，复延医生来省，于是得移至东城钱粮胡同。

三十三　在钱粮胡同及爱女㸚之死

钱粮胡同的屋宇宽敞，政府月致银币五百元，赁屋炊食悉自主之。以巡警充门房，稽察出入，书札必副总厅检视，宾客必由总厅与证，而书贾与日本人出入无阻。当事常派人来窥探意旨，偶道及国体，先生即以他语乱之。尝作魏武帝、宋武帝二颂，及肃致使、巡警总监二箴，以示讽刺。

四年七月，筹安会起，劝进者数百。先生固知袁氏恶贯将满，然不能无感愤，赖以禅观制止。某日，以七尺宣纸篆书“速死”二大字，悬于壁上。至九月，其长女㸚忽一夜自尽而死，先生大恸。这事传至日本，误谓先生已死，既而上海报纸依以入录。汤夫人（民国二年与先生结婚）急电来问安。先生复曰：“在贼中岂能安？”露章明发，逆料袁氏技穷，无能为害的。爱女开吊之日，先生书挽联于灵像前，曰：“汝能如此，我何以堪？”又撰事略如下：

> 亡女㸚，字蕴来，性端简。生十岁丧母。余适以事遭胡清逮捕，故㸚从其伯父受学。三年，余违难抵日本东京，始通书存问。又四年，㸚东行，余教之诗，不深好也。适嘉兴龚宝铨，年十七矣。宝铨素与会稽陶成章善，亦数离患东走，从余学，故成章为致辞。既婚，未得归国，濡滞东京。岁余武昌军兴，余始与宝铨、㸚先后归上海，而成章解遘遇祸；宝铨不自聊，夫妇居钱唐西湖，无问世意。民国元年夏，复与宝铨同赴东京治疾，逾年归。㸚性狷好洁，平居

衣履有小褰垢，必鞶㦬刮治之，而恶与乘时取势者往来。然处家委顺，善得尊长欢，与叔妹居，无闲言。独时邑邑不乐，常欲趣死。余数遇祸，而宝铨亦时怏郁。民国四年四月，㸚如京师省视，言笑未有异也。然燕处辄言死为南面王乐，余与季女㸚常慰藉之；宝铨数引与观乐，或游履林囿间，㸚终不怡；见树色，益抚然若有亡者。九月七日夕，与宝铨、㸚，谈笑至乙夜就寝；明旦起视，已自经，足趾未离地，解抚其胸，大气既绝矣。医师数辈皆言不可治，遂卒。呜呼！余以不禄，出入生死几二十年，宝铨亦颠沛者数矣，幸虽有功，未得以觞酒与宾婚故人相劳，而衅咎复时中之。成章之死，与其他故旧困穷失据之状，皆㸚所亲睹也。身处其间，若终身负疢疾者，其厌患人世则宜然。㸚未死十日，余尝以苛养欲购石药，㸚惧有故，辄止仆人毋往，其操心危厉如是，而遽自毁其躬；比敛，面如生，颜色更如欢笑者，此曷为而然者耶！

民国四年九月十一日，章炳麟书。

（《文录续编》卷四）

十二月，云南护国军起，袁世凯始恐怖，翌年三月，取消洪宪年号。至六月，袁世凯呕血，渐不支。先生急欲观南方的实际状况，友人有在海军部者，与日本海军增田大佐、柴田大尉相识，示以易和服出走，从铁路达天津。至期，日本驻津领事密携宪兵迎于东站。既发，未上车，侦者踵至，作无赖口吻说道："你欠了我钱，为甚么逃走？"遂抢取指环及常弄的古玉而去。另外有一伙曳以走，日本军官在内。领事所携宪兵前进，夺军官而去。先生则被曳至巡警总监。时袁世凯已病，警吏气焰亦衰，但催促他回去罢了。六月六日袁世凯自毙，十六日撤警，增田、柴田皆来贺。二十五日先生出都，七月一日至上海。

第三章　国学大师的章先生

第十三节　治学与师友

三十四　自述治学工夫

绪言中已经说过，章先生学术之大，前无古人，以朴学立根基，以玄学致广大。论其学术次第，有两篇自述最足参考：一在《葑汉微言》中，一为单行本的《自述学术次第》。兹就前者摘录首尾二段如下：

余自志学讫今，更事既多，观其会通，时有新意。思想迁变之迹，约略可言：少时治经，谨守朴学，所疏通证明者，在文字器数之间。虽尝博观诸子，略识微言，亦随顺旧义耳。遭世衰微，不忘经国，寻求政术，历览前史，独于荀卿、韩非所说，谓不可易。自余闳眇之旨，未暇深察。继阅佛藏，涉猎《华严》、《法华》、《涅槃》诸经，义解渐深，卒未窥其究竟。及囚系上海，三岁不觌，专修慈氏世亲之书。此一术也，以分析名相始，以排遣名相终。从入之途，与平生朴学相似，易于契机。解此以还，乃达大乘深趣。私谓释迦玄言，出过晚周诸子，不可计数；程、朱以下，尤不足论……

……自揣平生学术，始则转俗成真，终乃回真向俗，世固有见谛转胜者耶。后生可畏，安敢质言？秦、汉以来，依违于彼是之间，局促于一曲之内，盖未尝睹是也。乃若昔人所诮，专志精微，反致陆沉，穷研训故，遂成无用者，余虽无腆，固足以雪斯耻。

自述如此，不夸不饰，毫无溢美，识者称之。

三十五　本师俞樾

清代朴学，始于顾炎武，嗣后硕儒辈出，至乾隆朝，则成学著系统者：一自吴，始于惠栋；一自皖南，始于戴震。震生于休宁，受学于婺源江永，治小学、礼经、算术、舆地，无不深通。其乡里同学有金榜、程瑶田，后有凌延堪、三胡。三胡者，匡衷、承珙、培翚也，皆善治礼，而瑶田兼通水地、声律、工艺、谷食之学。震又教于京师，任大椿、卢文弨，孔广森皆从问业。弟子最知名者，金坛段玉裁，高邮王念孙。玉裁为《六书音韵表》以解《说文》，而《说文》明。念孙疏《广雅》，以经传诸子转相证明，诸古书文义诘诎者，皆涣然理解。授其子引之为《经传释词》。于是三古辞气，汉儒所不能理者，皆廓尔洞达。要之，王氏父子小学训诂的深通，不但是超轶唐、宋，简直是凌驾汉、魏。

章先生的本师是俞樾。俞君德清人，三十岁成进士，入翰林，旋放河南学政，两年被人言免官。免官以后，幡然改计，乃读王氏父子书，从此精研朴学，旁及艺文。他的著述《春在堂全集》五百卷，中以朴学为上，文学次之，朴学中又以《群经平议》、《诸子平议》各三十五卷，及《古书疑义举例》七卷，为最博大精深。此三书中，《群经平议》成书太早，视王氏《经义述闻》，间有未谛之处，故其晚年自敕为《茶香室经说》。《诸子平议》则足与王氏《读书杂志》抗衡。至于《古书疑义举例》，则超过《经传释词》，于解释古书之词例及谬误，可谓集其大成，实在是一部整理中国古书文法的杰作。其治学方法，悉本高邮王氏，门径既正，造诣又深。古义多所发明，宿疑为之冰释。开浙学之中兴，张清学之后殿。著述而外，并主讲西湖诂经精舍，历三十一年之久，主持风雅，宏奖人才，其功至为伟大。

章先生自二十三岁肄业诂经精舍，因得从俞君学，亲炙良师，时亘七载，其所成就益大。昔戴震论学曰："学有三难：淹博难，识断难，精审难。"三百年来，兼此三长者，惟有先生。先生论治学方法，谨严不苟，足为后学南针，有云：

> 审名实，一也；重左证，二也；戒妄牵，三也；守凡例，四也；断情感，五也；汰华辞，六也。六者不具，而能成经师者，天下无有。学者往往崇尊其师，而江、戴之徒，义有未安，弹射纠发，虽师亦无所避。
>
> （《文录》卷一《说林》下）

又论朴学的等第，取法乎上，仅得乎中，使后学知所别择，有云：

> 以戴学为权度，而辨其等差，吾生所见，凡有五第：研精故训而不支，博考事实而不乱。文理密察，发前修所未见。每下一义，泰山不移，若德清俞先生，定海黄以周，瑞安孙诒让，此其上也。守一家之学，为之疏通证明，文句隐没，钩深而致之显，上比伯渊，下规凤喈，若善化皮

锡瑞，此其次也。己无心得，亦无以发前人隐义，而通知法式，能辨真伪，比辑章句，秩如有条，不滥以俗儒狂夫之说，若长沙王先谦，此其次也。高论西汉，而谬于实证，侈谈大义，而杂以夸言，务为华妙，以悦文人，相其文质，不出辞人说经之域，若丹徒庄忠棫湘潭王闿运，又其次也。归命素王，以其言为无不包络，未来之事，如占蓍龟，瀛海之大，如观掌上，其说经也，略法今文而不通其条贯，一字之近于译文者以为重宝，使经典为图书符命，若井研廖平，又其次也。

（《文录》卷一，《说林》下）

章先生对于本师的尊敬，至老不渝，然却有过一段趣事，见于“谢本师”文中，大意是说既游台湾，往谒俞君于曲园，俞君督敕甚厉，说他讼言革命是不忠，远去父母之邦是不孝；不忠不孝非人类也，小子鸣鼓而攻之可也。先生对曰：“弟子以治经侍先生，今之经学，渊源在顾宁人。顾公为此，正欲使人推寻国性，识汉、虏之别耳，岂以刘殷、崔浩期后生也？”此事在所撰《俞先生传》，并未提及，只言“老而神志不衰，然不能忘名位”而已。

三十六　学友黄以周、孙诒让、宋衡等

章先生交友，以学问相切磋者甚多。其风义在师、友之间者，有黄以周、孙诒让诸氏，皆朴学大师。友人则有宋衡先生，深通佛典。兹各略述如下：

黄以周，定海人。所著以《礼书通故》百卷为最大，其精审过于秦蕙田的《五礼通考》。章先生为之传，称此书“与杜氏《通典》比隆，其校核异义过之，诸先儒不决之义尽明之矣。”主讲南菁书院，江南诸高材皆出其门。

孙诒让，瑞安人。著《周礼正义》、《墨子闲诂》、《古籀拾遗》、《札迻》，又著《契文举例》、《名原》，为研究殷契之第一人。章先生为之传，有云：“以为典莫备于六官，故疏《周礼》；行莫贤于墨翟，故次《墨子闲诂》；文莫正于宗彝，故作《古籀拾遗》。”又云：“《札迻》者，方物王念孙《读书杂志》，每下一义，妥聑宁极，淖入凑理……诒让学术，盖龙有金榜、钱大昕、段玉裁、王念孙四家。其明大义，钩深穷高过之。”

宋衡先生，平阳人。原名存礼，改名曰恕，又改曰衡。其学以仁爱为基，以大同为极，是一位伟大的革新运动者及文化批评者。著作繁富，生前仅刊《六斋卑义》一种，此书提倡革改，远在辛卯以前。又深研内典，章先生称之云：“平子疏通知远，学兼内外，治释典，喜《宝积经》。炳麟少治经，交平子始知佛藏。”又云：“……最后乃一意治瑜伽。炳麟自被系，专修无著世亲之说，比出狱，世无应者。闻平子治瑜伽，窃自喜，以为梵方之学，知微者莫如平子，视天台、华严诸家深远。”（《文录》卷二《瑞安孙先生伤辞》）宋先生掌教于杭州求是书院，“取法象山，限规不立，经史子集，任择从事。”寿裳幸得受业，并得因以知中国之有章先生。

第十四节　革命不忘讲学

三十七　东京讲学实际情形

章先生一生讲学，历有年所，循循善诱，至老不休。本节所言，系专指居东京、编《民报》之时，一面执笔为文，鼓吹革命，目不暇给。然犹出其余力，为后进讲语言文字之学。寿裳幸侍讲席，如坐春风。谨就当时实际情形，罄欬所承，略记于下：

> 先生东京讲学之所，是在大成中学里一间教室。寿裳与周树人（即鲁迅）、作人兄弟等，亦愿往听。然苦与校课时间冲突，因托龚宝铨（先生的长婿）转达，希望另设一班，蒙先生慨然允许。地址就在先生寓所——牛込区二丁目八番地，《民报》社。每星期日清晨，前往受业，在一间陋室之内，师生席地而坐，环一小几。先生讲段氏《说文解字注》、郝氏《尔雅义疏》等，神解聪察，精力过人，逐字讲释，滔滔不绝。或则阐明语原，或者推见本字，或则旁证以各处方言，以故新义创见，层出不穷。即有时随便谈天，亦复诙谐间作，妙语解颐。自八时至正午，历四小时毫无休息，真所谓"诲人不倦"。其《新方言》及《小学答问》两书，都是课余写成的。即其体大思精的《文始》，初稿亦起于此时。这是先生东京讲学的实际情形。同班听讲者是朱宗莱、龚宝铨、钱玄同、朱希祖、周树人、周作人、钱家治与我共八人。前四人是由大成再来听讲的。其他同门尚甚众，如黄侃、汪东、马裕藻、沈兼士等，不备举。

三十八　论学微旨

先生讲书之外，时宣微旨，深达理要，补前修之未宏，诫肤受之多妄，实足发人猛省。兹录数则，以见一斑。如说读书论世，贵乎心知其意，勿拘于表面的文字，曰：

古称读书论世，今观清世先儒遗学，必当心知其意，若全绍衣痛诋李光地佻淫不孝，实未足以为大过。台湾之役，光地主谋，使汉绪由兹而斩，欲明加罪状则不能，故托他过以讥之也。江子屏《宋学渊源记》，不录高位者一人，自汤斌、二魏、熊赐履、张伯行之徒，下至陆陇其辈，靡不见黜。而顾、黄二子为明代人物，又别为论叙以见端，诚谓媚于胡族，得登膴仕者，不足与于理学之林也。其他微言难了者，尚复众多，而侈谈封建、井田者为甚。是议起于宋儒，而明末遗民陈之，其言乃绝相反（原注：除王而农别有所感，王峄绳辈意见，则纯同宋儒，其他皆有别旨）。宁人之主张封建，后世不明其故，戴子高犹肆口讦之，甚无谓也。宋儒欲以封建、井田致治，明遗民乃欲以封建、井田致乱。盖目睹胡人难去，惟方镇独立以分其权，社会均财以滋其扰，然后天下土崩，而孤愤易除也。当时无独立及社会主义诸名，有之亦不可明示。托于儒家迂论，乃可引致其途耳。自宁人以下者，斯类多矣。而清雍正、乾隆二朝，亦能窥其微旨。故有言封建、井田者，多以生今反古蒙戮，又数为诏令以驳斥之。若以为沿袭宋儒迂论者，又何必忌之至是耶？然终无可奈何，及同治、光绪以还，行省拥兵于上，会党横行于下，武昌倡义，上下同谋，而清之亡忽焉。则先正之谋果效，而腐朽化为神奇之说亦不虚也。呜呼！前哲苦心若斯者岂独一端已？后之学者其识之哉！

（《自述学术次第》）

又说中国学术，在野则盛，在朝则衰。故提倡自由研究之风，曰：

中国学术，自下倡之则益善，自上建之则日衰。凡朝廷所阁置，足以干禄，学之则皮傅而止，不研精穷根本者，人之情也。会有贤良乐胥之士，则直去不顾，自穷其学。故科举行千年，中间典章盛于唐，理学起于宋，天元四元兴宋、元间，小学经训昉于清世。此皆轶出科举，能自名家，宁有官吏奖督之哉？恶朝廷所建益深，故其自为益进也。

（《文录》卷二《与王鹤鸣书》）

又说日本学术，采自西方，而中国犹有所自得，常以此谕青年学子，并作《原学》篇以申此义：

世之言学，有仪刑他国者，有因仍旧贯得之者，其细征乎一人，其巨征乎邦域。荷兰人善行水，日本人善侯地震，因也。山东多平原大坛，故邹、鲁善颂礼。关中四塞便骑射，故秦、陇多兵家。海上蜃气，象城阙楼橹，怳苿变眩，故九州、五胜怪迂之变在齐稷下。因也，地齐使然。周室坏，郑国乱，死人多而生人少。故列子一推分命，归于厌世，御风而行，以近神仙。族姓定，阶位成，贵人之子，以武建陵其下。故释迦令桑门去氏，此于四水入海，而咸淡无别。希腊之末，甘食好乐，而俗淫湎，故史多揭家务为艰苦，作自裁论，冀脱离尘垢，死而宴乐其魂魄。此其政俗致之矣。虽一人亦有旧贯。传曰：“良弓之子，必学为箕；良冶之子，必学为裘。”故浮屠之论人也，锻者鼓橐以吹炉炭，则教之调气。浣衣者刮垢摩蕨，而谕之观腐骨。各从其习，使易就成，犹引茧以为丝也。

然其材性发舒，亦往往有长短。短者执旧，不能发牙角。长者以向之一，得今之十。是故九流皆出王官，及其发舒，王官所不能与。官人守要，而九流究宣其义，是以滋长，短者即循循无所进取。通达之国，中国、印度、希腊，皆能自恢矿者也。其余因旧而益短拙，故走他国以求仪刑。仪刑之与之为进，罗甸、日耳曼是矣。仪刑之不能与之为进，大食、日本是矣。仪刑之犹半不成，吐蕃、东胡是矣。

夫为学者，非徒博识成法，挟前人所故有也。有所自得，古先正之所觋鬏，贤圣所以发愤忘食。员舆之上，诸老先生所不能理，往释其惑，若端拜而议，是之谓学。亡自得者，足以为师保，不与之显学之名。视中国、印度、日本则可知矣。日本者，故无文字，杂取晋世隶书章草为之，又稍省为假名。言与文缪。无文而言学，已恧矣。今庶艺皆刻画远西，什得三四。然博士终身为写官，更五六岁，其方尽，复往转贩。一事一义，无胸中之造，徒习口说而传师业者。王充拟之，犹‘邮人之过书，门者之传教’（《论衡·定贤篇》）。古今书教工拙诚有异，邮与阍，皆不与也。中国、印度，自理其业，今虽衰，犹自恢矿，其高下可识矣。贷金尊于市，不如己之有苍壁小玑。况自有九曲珠，足以照夜。厥夸毗者，惟强大是信。苟言方略可也，何与于学。

夫仪刑他国者，惟不能自恢矿，故老死不出译胥抄撮。能自恢矿，其不函于仪刑，性也。然世所以侮易宗国者，诸子之书，不陈器数。非校官之业，有司之守，不可按条牒而知。徒思犹无补益，要以身所涉历中失利害之端，回顾则是矣。诸少年既不更世变，长老又浮夸少虑。方策虽具，不能与人事比合。夫言兵莫如《孙子》，经国莫如《齐物论》，皆五六千言耳。事未至，固无以为候，虽至，非素练其情，涉历要害者，其效犹未易知也。是以文久而灭，节奏久而绝（原注：案《孙子》十三篇，今日本治戎者，皆叹为至精，由其习于兵也）。庄子《齐物论》，则未有知为人事之枢者。由其理趣华深，未易比切。而横议之士，夸者之流，又心忌其害己，是以卒无知者。余向者诵其文辞，理其训诂，求其义旨，亦且二十余岁矣。卒如浮海，不得祈向。涉历世变，乃始谦然理解，知其剀切物情。《老子》五千言，亦与是类，文义差明。不知者多以清谈忽之，或以权术摈之。有严复者，立说差异，而多附以功利之说，此徒以斯宾塞辈论议相校耳，亦非由涉历人事而得之也。即有陈器数者，今则愈古（原注谓历史、典章、训诂、音韵之属）。今之良书，无谱录平议，不足以察。而游食交会者又邕之。游食交会，学术之帷盖也，外足以饰，内足以蔽人，使后生无所择，以是旁求显学，期于四裔。

四裔诚可效，然不足一切颡画，以自轻鄙。何者，饴豉酒酪，其味不同，而皆可于口。今中国之不可委心远西，犹远西之不可委心中国也。校术诚有诎，要之短长足以相复。今是天籁之论，远西执理之学弗能为也。遗世之行，远西务外之德弗能为也。十二律之管吹之，捣衣、舂米皆效情，远西履弦之技弗能为也。神输之针，灼艾之治，于足治头，于背治胸，远西封割之医弗能为也。氏族之谱，纪年之书，世无失名，岁无失事，远西阔略之史弗能为也。不定一尊，故笑上帝。不迩封建，故轻贵族。不奖兼并，故弃代议。不烝民，故重灭国。不恣兽行，故别男女。政教之言愈于彼又远。下及百工将作，筑桥者垒石以为空阅旁无支柱，而千年不坏。织绮者应声以出章采，奇文异变，因感而作，犹自然之成形，阴阳之无穷（傅子说马钧作绫机，其巧如此，然今织师往往能之）。割烹者斟酌百物以为和味，坚者使毳，淖者使清，洏者使腴，令菜茹之甘，美于刍豢。次有围棋、柔道，其巧疑神。孰与木杠之窳，织成之拙，牛截之哧，象戏之鄙，角抵之钝。又有言文歌诗，彼是不能相贸者矣。

夫赡于己者，无轻效人。若有文木，不以青赤雕镂，惟散木为施镂。以是知仪刑者“散”，因任者“文”也。然世人大共标弃，以不类远西为耻。余以不类方更为荣，非耻之分也。老子曰：“天下皆谓我道大，似不肖。夫惟大，故似不肖。若肖，久矣其细也夫。”此中国、日本之校已。

（《国故论衡》下卷）

学贵自得，勿轻易效人，类于神贩。此是青年学子必读之文，故录其全首如上。

第十五节　语言文字学上的贡献

三十九　《文始》

章先生对于语言文字学上的贡献，洵可谓集一代的大成。少年时即精治小学，遍览清世大师的著作，以为诸家虽各有所长，然犹有未至者。久乃专读大徐《说文原本》至十余遍，以说解正文比较，于是疑义冰释。尝谓“小学者，国故之本，王教之端，上以推校先典，下以宜民便俗。岂专引笔画篆，缴绕文字而已。”居东讲学时，不废著述，悼古义之沦丧，愍民言之未理，故作《文始》，以明语言之根；次《小学答问》，以见文字之本；述《新方语》，以通古今之邮。又著《国故论衡》上卷十一篇，皆言小学要义。自谓“阴阳对转，区其弇侈（按：指成均图），半齿弹舌，归之舌头（按：指古音娘日二纽归泥的证明）；明一字之有重音，辨转注之系造字。比之故老，盖有讨论修饰之功。”兹就上述三书，各加说明，并举数例于下：

《文始》这部书是中国文字学上一大发明，探名言的渊源，极形声的妙用。先生自述其创作经过：

> 以为学问之道，不当但求文字。文字用表语言，当进而求之语言。语言有所起，人仁天颠，义率有缘。由此寻索，觉语言统系秩然。因谓仓颉依类象形以作书，今独体象形见说文者，止三四百数，意当时语不止此，盖一字包数义，故立三四百数已足，后则声意相迩者，孳乳别生，文字乃广也。于是以声为部次，造《文始》九卷。归国后，叶奂彬见而善之，问如何想得出来？答：“日读说文，比较会合，遂竟体完成耳。”
>
> （同门诸祖耿：《记本师章公自述治学之功夫及志向》）

其例如：

《说文》："口，人所以言食也。象形。"旁转宵，变易为噭。师古说："噭，口也。"凡有穴者通得言口，故转宵又孳乳为窍，空也。口对转东又孳乳为空，窍也。空又孳乳为銎，斤斧穿也。口又孳乳为扣，金饰器口也。

《说文》："谷，泉出通川为谷。从水半见出于口。"此合体象形也。声义本受诸口，而有数读，在深喉则如今音，在浅喉则如浴欲，在齿音则如俗，亦作舌音，与通对转为训，大要分喉、舌二例而已。孳乳为沟，释水曰："注谷曰沟。"又为陕，通沟以防水也。为渎，沟也。释水曰："注浍曰渎。"为窦，空也。凡今言洞者皆借为窦，东侯对转也。谷亦对转东，孳乳为谾，大长谷也。窦旁转幽，孳乳为岫，山穴也。

诸有孔穴可容受者通言谷。对转东，孳乳为容，盛也。在本部孳乳为俞，空中木为舟也……其于衣为褕，绔踦也，或作陕。为韝射臂决也。为袧，编枲衣，一曰头袧，一曰次裹衣也。为屦，履也。其于兵为韇，弓矢韇也。为韣弓衣也。于器为椟为匵，皆匵也。为缿，受钱器也。为瓯，小盆也。为匬，瓯也。为瓮为坈，皆罂也。于车为毂，辐所凑也。为釭，车毂中铁也。于乐为筒，通箫也。为箭，断竹也（原注：箭转东，则筩为大竹筩，簜为大竹）。于门为枢，户枢也。于草为蔼，扶渠根也。蔼对转东，舒作舌音为董，杜林说："蔼根也。"此皆有孔穴可容受者也。

泉出通川为谷，故谷对转东，孳乳为通，达也。又孳乳为䢔，迭也（原注：迭借为达）。此二同字。又孳乳为洞，疾流也。洞又为洞澲之义。还侯作来纽为䢔，屋穿水入也。……又孳乳为斀，去阴之刑也，犹去耳言刵矣。

人有九窍，各有所嗜，而男女为大欲，自洞以衍，既为涿字。谷本一切通孔之大名。对转东，亦孳乳为孔，通也。乙至而得子，嘉美之也。此谓人道之通。孔次对转幽，变易为好，美也。释器言“肉倍好”，“好倍肉”，“肉好若一”，好即孔矣。其引伸则诗传好训说。还鱼，孳乳为欲，贪欲也。欲又变易为覦，欲也。易之窒欲，孟氏作谷。《乐记》“性之欲也”，《乐书》作“性之颂也”。《庄子天下篇》宋钘“语心之容”，即荀子所引宋子言“人之情欲寡，而皆以己之情欲多”。然则欲字之义，又系于谷与容矣……凡谷字有深喉、浅喉、舌、齿四音，故所孳乳之字，亦备四音。

（《文始卷六喉东类》）

《说文》：“工，巧饰也。象人有规榘。”古文作，从彡。工者初文，者准初文。小篆用工，遂出𢀜字为古文矣。对转侯，变易为竘，一曰匠也。方言，吴越饰貌为竘，或谓之巧。次对转幽，变易为巧，技也。巧旁转宵，变易为媄，巧也。在本部孳乳又为颂，貌也。貌与颂皆有图画义。工又孳乳为攻，击也。《考工记》攻木、攻金、攻皮、设色、刮摩、搏埴皆称工，治之皆曰攻。又孳乳为功，释诂功，成也，释名功，攻也。攻又孳乳为巩，以韦束也。诗传攻训坚。释诂巩坚皆训固。

工有规榘之义。规榘皆与工双声。凡圆者为鞠，隅者为角，锐者为圭，直者为径，磬折者为磬为球，从横折榘者为勾股，虽各有初文本字及佗字所孳乳者，然皆与工双声相系……

攻训击，对转侯则变易为攷，击也。次对转幽，则变易为考，攷也。其所孳乳，在侯为殴，捶击物也……其本部砻为水边石，亦与硧相转。

（同门诸祖耿：《记本师章公自述治学之功夫及志向》）

四十　《小学答问》

《小学答问》这部书系答弟子之问，以明本字，借字流变之迹，其声义相禅，别为数文者，亦稍示略例，观其会通。其例如：

问曰："《说文》：'天，颠也。'易曰：'其人天且劓。'马融曰：'黥凿其额曰天。''不解凿额何以称天？'"答曰："天即颠尔。颠为顶，亦为额。释畜：'馰颡白颠。'周南：'麟之定。'传曰：'定，题也。'一本题作颠（原注：颠顶定题，古皆双声。陆以颠为误，非也）明题颡得称颠矣。去耳曰刵，去鼻曰劓，去而曰耏，去豕曰豛，皆从其声类造文。去髌直曰髌，凿颠直曰颠，不造它文，直由本义引而申之。又《刑法志》说秦刑有凿颠，《山海经》说兽名有'刑天'。刑天无首，盖被凿颠之刑。彼颠即指顶尔。"

问曰："《说文》：'艾，仌台也。'《春秋传》言'艾豭'，'国君好艾'。孟子、《楚辞》言'少艾'、'幼艾'，不解少年何以称艾？"答曰："老亦为艾。五十发苍，始服官政，以艾为称；少亦为艾，犹言苍生，亦如今言青年矣。艾转为牙，崔骃言‘童牙’，亦转为吾，管子言‘吾子’，皆幼少之名也。”

问曰：“《说文》：‘爽，明也。’雅训为差为忒，其义何取？”答曰：“阳鱼对转，爽借为疏。夏小正‘爽死。’传曰：‘爽也者，犹疏也。’是其例。周疏相对。周为密，亦为忠信；不密则差，亦为食言矣。”

问曰：“说文：‘䧿，鵻也。’相承训和者何字也？”答曰：“东侯对转‘字借为愉。祭义曰：‘有和气者亦有愉色。’《论语·乡党》：‘愉愉如也。’郑君曰：‘愉愉颜色和。’愉亦作姁。《汉书·韩信传》：‘言语姁姁。’师古曰：‘姁姁，和好貌也。’《史记》作呕呕。䧿重言为䧿容。鬼臾区为鬼容区，亦东侯对转矣。或曰：䧿鵻飞则鸣，行则摇，故声音赴节者谓之䧿。《乐府》有《精列篇》，象其节奏，故音和谓之䧿。”

四十一　《新方言》

《新方言》，真是洽见的奇书，不刊的硕记。其《自序》有云：“……中更忧患，悲文献之衰微，诸夏昆族之不宁一，略擂殊语，征之古音，稍稍得其鰓理。盖有诵读占毕之声，既用唐韵，俗语犹不违古音者；有通语既用今音，一乡一州犹不违唐韵者；有数字同从一声，唐韵以来，一字转变，余字则犹在本部，而俗语或从之俱变者。远陌纷错，不可究理。方举其言，不能征其何字，曷足怪乎？……”又云：“读吾书者，虽身在陇亩与夫市井贩夫，当知今之殊言，不违姬汉，既陟升于皇之赫戏，案以临瞻故国，其恻怆可知也。”例如今言“甚么”，即“舍”之切音；今言“光蛋”，即“矜”之切音，元寒戈对转，故今言蘼菜，声如波菜；舌无轻唇音，故“蜚蝱”本读毕蝱。

《说文》：“曾，词之舒也。”“余，语之舒也。从入，舍省声。”曾余同义，故余亦训何，通借作舍。孟子《滕文公》篇：“舍皆取诸其宫中而用之。”犹言何物皆取诸其宫中而用之也。《晋书·元帝纪》：“帝既至河阳，为津吏所止，从者宋典后来，以策鞭帝马而笑曰：‘舍，长官禁贵人，汝亦被拘耶？’”舍字断句，犹言何事也。亦有直作余者。《春秋左氏传》曰：“小白余，敢贪天子之命无下拜！”犹言小白何物也。今通言曰“甚么”，舍之切音也。川、楚之间曰舍子，江南曰舍，俗作啥，本余字也。（原注：歌戈鱼模麻相转，甚舍齿音，旁纽相通，故甚么为舍之切音）

《方言》：“矜谓之杖。”寻古音矜如鳏，故老而无妻者或书作矜，或书作鳏。今人谓杖为棍，即矜字之变矣。又谓凶人为光棍。寻《说文》：“梼杌（原注：亦作柮），断本也。”古谓凶人曰梼杌，今谓凶人曰光棍，其义同也。《左传》梼杌，杜解以为即鲧。古人即名表德，尧、舜、桀、纣皆是。然则鲧之言棍，即古矜字矣。《楚辞》云：“鲧婞建直以亡身。”婞直亦与矜同义。婞为直立之物，故古人谓直为矜。《论语》：“古之矜也廉，今之矜也忿戾。”又云：“君子矜而不争。”廉直为矜，所谓婞也；忿戾为矜，所谓梼杌、光棍也。古今语正自不异。又今人亦谓无室家者为光棍，则正无妻为矜之义。训诂声音

皆同。(原注:《说文》鲧鲧二文相接,并训鱼,疑本重文)

《尔雅》:“矜,皤蒿。”元寒歌戈对转,今言蘩菜,声如波菜。

《说文》:“蜚,臭虫负蠜蠜也。”今淮南谓之蠜,山西谓之蜚虫。蜚读如比,古音无轻唇,蜚本读比。江南转入如毕,通言曰臭虫。

四十二　注音符号的来源

还有,现今常用的注音符号,亦系发源于章先生。先生曾说切音之用,只在笺识字端,令本音画然可晓。故曾定纽文为三十六,韵文为二十二,皆取古文篆籀径省之形,以代旧谱。至民国二年,教育部召集“读音统一会”。开会的时侯,有些人主张用国际音标,有些人主张用清末简字,各持一偏,争执甚烈。而会员中,章门弟子如胡以鲁、周树人、朱希祖、马裕藻及寿裳等,联合提议用先生之所规定,正大合理,遂得全会赞同。其后实地应用时,稍加增减,遂成今之注音符号。

第十六节　文学上的贡献

四十三　论文学

宋衡先生论文,颇右汉、魏,于并世则独推重章先生,尝谓:“枚叔文章,天下第一。”因为章先生的文章,上规秦、汉,下凌魏、晋，实与宋先生有同嗜。《国故论衡》中卷七篇，皆言文史。其关于韵语，以周、汉为宗，有云：

论辨之辞，综持名理，久而愈出，不专以情文贵，后生或有陵轹古人者矣。韵语代益陵迟，今遂涂地，由其发扬意气，故感慨之士擅焉。聪明思慧，去之则弥远。记称诗之失愚，以为不愚固不能诗。夫致命遂志，与金鼓之节相依。是故史传所记，文辞凌厉，精爽不沫者，若荆轲、项羽、李陵、魏武、刘琨之伦，非奇材剑客，则命世之将帅也。由商、周以讫六代，其民自贵，感物以形于声，余怒未渫，虽文儒弱妇，皆能自致。至于哀窈窕，思贤材，言辞温厚，而蹈厉之气存焉。及武节既衰，驰骋者至于绝膑，犹弗能企。故中国废兴之际，枢于中唐，诗赋亦由是不竞。五季以降，虽四言之铭，且拱手谢不敏，岂独采诗可以观政云尔。太史公曰："兵者，圣人所以讨强暴，平乱世，夷险阻，救危殆。自含血戴角之兽，见犯则校，而况于人，怀好恶喜怒之气，喜则爱心生，怒则毒螫加，情性之理也。故六律为万事根本，其于兵械尤所重。"自中唐以降者，死声多矣。"长子帅师，弟子舆尸"，相继也。今或欲为国驱，竟弗能就。抗而不坠，则暴慢之气从之矣；尨而无守，则鄙吝之辞就之矣。余以为古者礼乐未兴，则因袭前代。汉《郊祀歌》有《日出入》一章，其声熙熙，悲而不伤，词若游仙，乃足以作将师之气，虽云门大卷弗过也。以是为国歌者，贤于自作远矣。

（《国故论衡》中卷《辨诗》）

所云采诗岂独观政，便是国势的盛衰，民气的刚柔，亦可以从此处看出。《蓟汉敬言》中曾有一段话说："观世盛衰者，读其文章辞赋，而足以知一代之性情。西京强盛，其文应之，故雄丽而刚劲。东京国力少衰，而文辞亦视昔为弱，然朴茂之气尚存，所谓壮美也。三国既分，国力乍挫，讫江左而益弱，其文安雅清妍，所谓优美也。唐世国威复振，兵力远届，其文应之。始自燕、许，终有韩、吕、刘、柳之伦，其语瑰玮，其气驵奘，则与两京相依，逮宋积弱，而欧、曾之文应之，其意气实与江左相似，不在文章奇耦之间也。明世外强中干，弱不至如江左两宋，强亦不能如汉、唐，七子应之，欲法秦、汉，而终有绝膑之患。元清以外夷入主，兵力亦盛，而客、主异势，故夏人所谓文，犹优美而非壮美……。是故文辞刚柔，因世盛衰，虽才美之士，亡以自外。古者陈诗以观民风，诗亡然后《春秋》作。次《春秋》而有《史记》。《史记》者，通史也，晁错、仲舒之对策，贾太傅之陈奏，太史皆删不录，而于屈、贾、相如诸传，独存辞赋，诚以诸奏对者，被时持世之言，而辞赋本于性情，其芳臭气泽之所被，足以观世质文，见人心风俗得失，则弃彼取此矣。此即孔子删诗之志，又非有远识者不能为之。"这里所说，虽不专指辞赋，而足与上引韵语之言相发。至于《日出入》一章，其声恢绰，可被金石，在国歌尚未制定以前，宜于暂用，先生亦曾为寿裳言之。

关于持论，则以魏、晋为法，有云：

当魏之末世，晋之盛德，钟会、袁准、傅玄皆有家言，时时见他书援引，视荀悦、徐干则胜。此其故何也？老、庄、刑名之学，逮魏复作。故其言不牵章句，单篇持论，亦优汉世。然则王弼《易例》，鲁胜《墨序》，裴颜《崇有》，性与天道，布在文章。贾、董卑卑，于是谢不敏焉。经术已不行于王路，丧祭尚在，冠昏朝觐，犹弗能替旧常，故议礼之文亦独至。陈寿、贺循、孙毓、范宣、范汪、蔡谟、徐野人、雷次宗者，盖二戴间人所不能上。施于政事，张裴“晋律之序”，裴秀“地域之图”，其辞往往陵轹二汉。由其法守，朝信道矣，工信度矣……

魏、晋之文，大体皆埤于汉，独持论仿佛晚周，气体虽异，要其守己有度，伐人有序，和理在中，孚尹旁达，可以为百姓师矣……

效唐、宋之持论者，利其齿牙；效汉之持论者，多其记诵，斯已给矣。效魏、晋之持论者，上不徒守文，下不可御人以口，必先豫之以学。

（三段皆见《国故论衡》中卷《论式》）

“必先豫之以学”这句话，最为切要。世人但知道魏、晋崇玄学，尚清谈，而不知道玄学常和礼乐的本原、律令的精义，彼此相扶。玄学者其言虽系抽象，其艺则切于实际，所以是难能可贵。

四十四　文之自述

关于自言其文之所至，引二段如下：

余少已好文辞，本治小学，故慕退之造词之则，为文奥衍不驯，非为慕古，亦欲使雅言故训，复用于常文耳。犹凌次仲之填词，志在协和声律，非求燕语之工也。时乡先生有谭君者（按指谭献，仁和人，著有《复堂类稿》），颇从问业。谭君为文，宗法容甫、申耆，虽体势有殊，论则大同矣。三十四岁以后，欲以清和流美自化。读三国、两晋文辞，以为至美，由是体裁初变，然于汪、李两公，犹嫌其能作常文，至议礼、论政则踬焉。仲长统、崔实之流，诚不可企。吴、魏之文，仪容穆若，气自卷舒，未有辞不逮意，窘于步伐之内者也。而汪、李局促相斯，此与宋世欧阳、王、苏诸家务为曼衍者，适成两极，要皆非中道矣。匪独汪、李、秦、汉之高文典册，至玄理则不能言。余既宗师法相，亦兼事魏、晋玄文，观夫王弼、阮籍、嵇康、裴頠之辞，必非汪、李所能窥也……由此数事，中岁所作，既异少年之体，而清远本之吴、魏，风骨兼存周、汉，不欲纯与汪、李同流。然平生于文学一端，虽有所不为，未尝极意菲薄。下至归、方、姚、张诸子，但于文格无点，波澜意度，非有猖狂犯规者，则以为学识随其所至，辞气从其所好而已。今世文学已衰，妄者皆务为骫骳，亦何暇訾议桐城义法乎？

（《自述学术次第》）

文生于名，名生于形，形之所限者分，名之所稽者理。分理明察，谓之知文。小学既废，则单篇摦落；玄言日微，故俪语华丽。不其本，以之肇末，人自以为杨、刘，家相誉以潘、陆，何品藻之容易乎？仆以下姿，智小谋大，谓文学之业，穷于天监，简文变古，志在桑中。徐庾承其流化，平典之风，于兹沬矣。燕、许有作，方欲上攀秦、汉，逮及韩、吕、柳权、独孤、皇甫诸家，劣能自振，议事确质，不能如两京，辩智宣朗，不能如魏、晋。晚唐变以谲诡，两宋济以浮夸，斯皆不足邵也。将取千年朽蠹之余，反之正则，虽容甫、申耆，犹曰采浮华、弃忠信尔。皋文、涤生，尚有谖言，虑非修辞立诚之道。夫忽略名实，则不足以说典礼；浮辞未剪，则不足以穷远致。言能经国，诎于笾豆有司之守；德音孔胶，不达形骸智虑之表。故篇章无计簿之用，文辨非穷理之器。彼二短者，仆自以为绝焉。

《国故论衡·论式》）

所言绝无夸饰。因为典礼之文，所短每在繁碎，性道之文，所短每在缴绕。先生的文章确乎没有这两种短处，宜乎宋先生所以特别推重啊！

四十五　诗之自述

章先生的诗，不加修饰，弥见性真。其自述有云：

余作诗独为五言。五言者，挚仲治《文章流别》，本谓俳谐倡乐所施。然四言自风雅以后，菁华既竭，惟五言犹可仿为。余亦专写性情，略本钟嵘之论，不能为时俗所为也。

（《自述学术次第》）

任举一首，如民国十六年，先生六十岁，其《生日自述》诗是：

> 蹉跎今六十，斯世孰为徒？
> 学佛无乾慧，储书不愈愚。
> 握中余玉虎，楼上对香炉。
> 见说兴亡事，拿舟望五湖。

此诗即物言情，气韵深远，烈士暮年，壮心不已。虽身在江湖，面对于手造的民国，忧勤之心，未能一日去于怀！

第十七节　史学上的贡献

四十六　中国历史的特长

葆重中国的历史，和上两节的葆重语文，同为章先生的本志。尝谓提倡民族主义，发扬孔氏教育，皆当以历史为先务，有云：

> 孔氏旧章，其当考者，惟在历史，戎狄豺狼之说，管子业已明言。上自虞、夏，下讫南朝，守此者未尝逾越，特春秋明文，益当葆重耳。虽然，徒知斯义，而历史传记，一切不观，思古幽情，何由发越？故仆以为民族主义，如嫁穑然，要以史藉所载人物、制度、地理、风俗之类，为之灌溉，则蔚然以兴矣。不然，徒知主义之可贵，而不知民族之可爱，吾恐其渐就萎黄也。孔氏之教，本以历史为宗。宗孔氏者，当沙汰其干禄致用之术，惟取前王成迹，可以感怀者，流连弗替。春秋而上，则有六经，固孔氏历史之学也；《春秋》而下，则有《史记》、《汉书》，以至历代书

志纪传，亦孔氏历史之学也。若局于公羊取义之说，徒以三世三统，大言相扇，而视一切历史为刍狗，则违于孔氏远矣。

（《文录·别录》二卷《答铁铮》）

《国故论衡》中，亦有发挥此旨之文，如云：

……春秋所以独贵者，自仲尼以上，《尚书》则阔略无年次。百国春秋之志，复散乱不循凡例，又亦藏之故府，不下庶人。国亡则人与事偕绝。太史公云："《史记》独藏周室，以故灭。"此其效也。是故本之吉甫史籀，纪岁时月日，以更《尚书》，传之其人，令与诗书礼乐等治，以异百国春秋，然后东周之事，粲然著明。令仲尼不次《春秋》，今虽欲观定，哀之世，求五伯之迹，尚荒忽如草昧。夫发金匮之藏，被之萌庶，令人人不忘前王，自仲尼、左丘明始……今中国史传连葩，百姓与知，以为记事不足重轻，为是没丘明之劳，谓仲尼不专记录。借令生印度、波斯之原，自知建国长久，文教浸淫，而故记不传，无以褒大前哲，然后发愤于宝书，哀思于国命矣。（原注：余数见印度人言其旧无国史，今欲搜集为书，求杂史短书以为之质，亦不可得。语辄扼腕。彼今文家特未见此尔）

国之有史久远，则亡灭之难。自秦氏以讫今兹，四夷交侵，王道中绝者数矣。然搢者不敢毁弃旧章，反正又易。借不获济，而愤心时时见于行事，足以待后。故令国性不堕，民自知贵于戎狄，非春秋孰纲维是？春秋之绩，其什伯于禹耶，禹不治洚水，民则溺。民尽溺，即无苗裔，亦无与俱溺者。孔子不布春秋，前人往，不能语后人，后人亦无以识前。乍被侵掠，则相安于舆台之分。诗云：“宛其死兮，他人是偷。”此可为流涕长潸者也。然则继魏而后，民且世世左衽，而为羯胡鞭挞，其甚于一朝之溺。春秋之况烝民，比之天地亡不帱持，岂虚誉哉？

四十七　论人物之例

史传所载的人物和制度，可以使人周知古昔，以兴感慕。章先生描写人物，只用简要之笔，便能将其个性和特绩，活跃于纸上。例如述大禹之功，有云：

惟后生于汶山，故知山川之首；学于西王国，故识流沙之外；眇达勾股，故能理水地高下之宜；以身为度，故辨诸侯万人之体。于是釃河以道九牧，凿江以流九派，刊旅以通九山。天地得一，画为中区，五服弼成，民得字养。自百王之功，未有如后者也。

（《文录续篇》卷五上《禹庙碑》）

又如述孔子之当尊，在上述历史之外，还有布文籍、振学术、平阶级诸功。其文曰：

孔子所以为中国斗杓者，在制历史、布文藉、振学术、平阶级而已。往者《尚书》百篇，年月阔略，无过因事记录之书，其始末无以猝睹。自孔子作《春秋》，然后纪年有次，事尽首尾。丘明衍传，迁、固承流，史书始灿然大备。榘则相承，仍世似续，令晚世得以识古，后人因以知前。故虽戎羯荐臻，国步倾覆，其人民知怀旧常，得以幡然反正，此其有造于华夏者，功为第一。《周官》所定乡学，事尽六艺，然大礼犹不下庶人。当时政典，掌在天府，其事迹略具于《诗》、《书》，师氏以教国子，而齐民不与焉。是故编户小氓，欲观旧事，则固闭而无所从受。故《传》称“宦学事师”，“宦于大夫”，明不为贵臣仆隶，则无由识其绪余。自孔子观书柱下，述而不作，删定六学（即“六书”），布之民间，然后人知典常，家识图史，其功二也，九流之学，靡不出于王官；守其一术，而不遍览文籍，则学术无以大就。自孔子布文籍，又自赞《周易》，吐《论语》，以寄深湛之思。于是大师接踵，宏儒郁兴，虽所见殊途，而提振之功则一，其功三也。春秋以往，官多世卿，其自渔钓饭牛而兴者，乃适遇王伯之君，乘时间起，平世绝矣。斯岂草野之无贤才，由其不习政书，致远恐泥，不足与世卿竞爽。其一二登用者，率不过技艺之官，皂隶之事也。自孔子布文籍，又养徒三千，与之驰骋七十二国，辨其人民，知其土训，识其政宜。门人余裔，起而干摩，与执政争明。哲人既萎，曾未有年，六国兴而世卿废。民苟怀术，皆有卿相之资。由是阶级荡平，寒素上遂，至于今不废，其功四也。总是四者，孔子于中国为保民开化之宗，不为教主。世无孔子，宪章不传，学术不振，则国沦戎狄而不复，民陷卑贱而不升，欲以名号加于宇内通达之国，难矣。今之不坏，繄先圣是赖，是乃其所以高于尧、舜、文、武而无算者也。

（《文录》卷二《驳建立孔教议》）

至于异族之人如伯夷、叔齐者，积仁诘行，廉顽立懦，感化力可谓伟大。章先生考其种族，谓以齐桓公伐山戎，斩孤竹观之，则夷、齐为山戎种，所谓鲜卑大人者是。其性墨胎，亦是虏姓而非汉姓。其后所隐首阳山，则从《史记正义》引说文在辽西，本为孤竹所辖。所谓采薇而食者，薇的茎叶皆似小豆，可以生食，即今之野豌豆苗。其不食周粟者，谓不食周室养老之饩。以东胡无米，独饶产豆，故就所有者为食，并非偏取豌豆而弃大豆。末段有云：

……其称饿者，夷、齐就周养老，常得肉食。鲜卑戎人又素以饮酪、食肉为主。比其归时，年老不任弋猎。胡俗贱老（原注：《三国志》注引《魏书》，乌丸俗贱老。鲜卑习俗与乌丸同），亦无以肉相餉者。乍食植物，则歉然如馁耳。借令今人得豆类为常食，首夏食豌豆，长夏食跭，秋食大豆，大豆坚实，又可熏暴以备冬春之需。其味丰腴甘美，视稻麦或不逮，视黍稷乃远胜之，何饿之有焉？其言饿且死者，大以为宫柱，名为蒿宫。诡诞之言，不可为典要矣。虽然，明堂在郊，亦只就三代言也。其在上古，则圜丘正为王宫之地。故附于郊丘者，有王宫祭日之典（祭法）。祭日之坛，而命之曰王宫，明王宫与日坛同处，朝觐于是，祭京于是，治事于是，授学于是。后世既不能继故，犹放物其意而建明堂、辟雍、三灵于郊野。灵台者，其所以拟群帝之台耶？

又寻山字之声类考之，则《说文》云：“山，宣也。”以声为训，明古音山宣不殊。而宣为天子正居。周有宣谢，汉有宣室，此皆因仍古语。彼天子正居所以名宣者，正以其在山耳。周之宣谢，《汉书·五行志》以为讲武之坐屋，此固未备。据顾命路寝所设，大训、天球、河图皆在焉。而鼖鼓赤刀，兑之戈，和之弓，垂之竹矢，则讲武之具也。蔡邕云：“古言天者三家：一曰盖天；二曰宣夜；三曰浑天。”寻谢字古但作射，而射与夜相通（原注：左氏六年经，狐射姑，穀梁作狐夜姑。又左氏昭二十五年传，申夜姑，释文云：夜本或作射）。是宣夜即宣射。天子正室有观天之器。其在后世，始分观天之处于灵台。然太古灵台、宣室，未始有异，皆在山颠而已。复观祭法：“夜明为祭月之坛。”与日坛称王宫者密迩。至于汉世，而宣夜、夜明之语，转为掖庭。掖也，夜也，射也，谢也，榭也，豫也，序也，此七字皆同音而义相联者也。

又寻《尚书》有“纳于大麓”之文。古文家太史公说曰：“尧使舜入山林川泽。”此读麓为本字，所谓林属于山为麓也。今文家欧阳夏侯说曰：“昔尧试于大麓者，领录天子事，如今尚书官矣。”（原注：刘昭注《续汉书·百官志》引《新论》如此）又曰：“入于大麓，言大麓，三公之位也。居一公之位，大总录二公之事。”（原注：《论衡·正说篇》）古文于字义为得，顾于官制失之；今文得其官制，其字义又不合。即实言之，则天子居山，三公居麓，麓在山外，所以卫山也。尧时君相已居栋宇，而犹当纳于大麓者，洪水方滔，去古未远，其故事尚在礼官。初拜三公，当准则典礼而为之，则必入大麓以为赴官践事之明征。《左传》曰："山林之木，衡鹿守之。"鹿即麓也。衡麓在后世只为虞衡之官，而古代正为宰相。如伊尹官阿衡，亦名曰保衡，犹是衡麓之故名也（原注：说者以为阿倚衡平，则望文生训也）。至汉时有光禄勋，为天子门卫。勋者，阍也。（原注：胡广已言之）独光禄之义，至今未有确解。其实光禄即是衡麓。衡、横古通。又《尚书》今文"横被四表"，古文作"光被四表"。是衡、横、光三字为一也。（原注：古音同在阳部）……然证之以郎官，郎者光禄勋之属，亦天子守门之官也。《汉书·杨恽传》云："郎官故事，令郎出钱市财用，给文书，乃得出，名曰山郎。"张宴曰："山，财之所出，故取名焉。"此未必得其本义也。大抵古天子端居冈阜，而从官以射猎为事，多得其饶。故汉世因之，犹名财之所出为山郎。斯语虽见于汉，然自殷、周时已有此意。周语曰："夫周，高山广川大薮也。而幽王荡以为魁陵粪土沟渎，其有悛乎？"又曰："夫旱麓之榛楛殖，故君子得以易乐干禄焉。若夫山林匮竭，林麓散亡，薮泽肆既，民力凋尽，田畴荒芜，资用乏匮，君子将险哀之不暇，而何易乐之有焉。"是则天子在山，取其饶用，从官得以干禄。至殷、周，虽已居城郭，犹必宅于高山旱麓之地。汉代因之，遂有山郎之名，其所从来远矣。

综考古之帝都，则颛顼所居曰帝丘，虞舜所居曰蒲阪，夏禹所居曰嵩山（原注：夏都阳城。阳城即嵩山所在。古无嵩字，但以崇字为之。故周语称鲧为崇伯鲧。

《逸周书》称禹为崇禹）。商之先，相土居商丘。其后又有适山之文（原注：盘庚曰：古我先王将多于前功，适于山）。周之先，公刘后京，其后又处旱麓之地。夫曰山，曰丘，曰阪，曰京，皆实地而非虚号。上古橧巢，后王宫室。其质文虽世异，而据山立邑则同。左氏言"三坟"、"九丘"。贾侍中云："三坟，三王之书；九丘，九州亡国之戒。"言坟言丘，并以都山为义。及其亡灭，宫室邑里已泯绝，惟丘陵之形独存，甚者或夷为汗泽。故伍员哀吴之亡，则言"吴其为沼"。而屠灭者至于潴其宫室。盖以为高丘者，君上之所居，通于神明；洿泽者，亡虏之所处，沦于幽谷也。然则天子居山，其意在尊严神秘，而设险守固之义，特其后起者也。

（《文录》卷一《官制索隐》）

至于《专制时代宰相用奴说》，亦摘引如下：

伊尹尝为阿衡（《商颂》），亦为保衡（《书·君奭》）。衡之义，前已发之。所谓衡鹿，即光禄也。而阿保为女师之称（《后汉书·崔实传》：或因常侍阿保，别自通达。注：阿保为傅母）。阿之为名，见于《礼记》，称为可者。说文阿字作娿。然则《吕览·本味篇》称"有姺以伊尹媵女，斯不诬矣。"孰谓其躬耕乐道耶？汤既引伊尹为腹心，而阿保之名无改。其后相袭，遂以阿保为三公。周有太保，王莽置太阿、少阿，皆自此出。而说者以为阿倚衡平，则不寻其本柢矣。又《本味篇》云："伊尹说汤以至味。”然则割烹要汤之说，亦不诬也。《曲礼》述夏、商之制，太宰尚卑，是其职本在治膳。然自伊尹任政，而冢宰之望始隆。孔子言高宗以前，君薨则百官总已以听冢宰。明冢宰之贵，商时已然。至《周礼》，天官太宰遂正位为五官长。然其所属冗官，犹是宫中治膳之职……又伊尹能治汤液。故《周礼》沿之，医师、食医、疾医、疡医、兽医等官，亦隶太宰。伊尹本为女师，故《周礼》沿之，使小宰治王宫之政令，而宫正、宫伯、宫人、内小臣、阍人、寺人、内竖皆属之；以至九嫔、世妇、女御之属，皆以太宰为其长官。后儒不审沿革，谓特使宫掖冗宫，隶于冢宰，使不得阻挠外政，所谓宫中、府中皆为一体者。不知周制实由沿袭而成，非别有深意也。宰夫之官，于《周礼》为左右太宰者，掌治朝之法，群吏之治，百官府之征令，以治法考百官府郡都县鄙之治，乘其财用之出入，其职崇矣。然见于《春秋·传》者，则列国之宰夫，犹是庖人。而汉世奉常，属官有痈太宰，专主熟食。由夏、商本是一官，其后分之，或从本职，则为庖人；或从差遣，则为执政。

相沿有宰相之名，其原委至暧昧也。相之为名，本瞽师之扶掖者耳。稍进而赞揖让槃辟之礼者示名为相，其本皆至贱矣。然自尧时举十六相，已渐崇贵。仲虺为汤左相，召公为固伯相，遂以其名被之执政。即观孔子之在夹谷，本赞正服位之相耳，而《史记》言由大司寇行摄相事，则以执政归之。盖昵近之臣，易得君旨，故二者往往相兼，此又相国，丞相之名所由起矣。

御之为名，诗言“瞽御”是也。周之御史，本居柱下，乃亦出巡邦国，至秦世遂以御史监郡。盖其始本以天子近臣，刺探邦国密事，犹后世以中贵人衔名也。秦之御史，已较周时为责。其长官御史大夫，则遂在三公之列。按《大雅·崧高篇》“王命传御，迁其私人。”郑云：“传御者，贰王治事，谓冢宰也。”是周世宰相，既以御名，而秦特沿袭其制耳。

仆射者，亦贱官之名也。《礼记·檀弓》言君疾：“仆人师扶右，射人师扶左。”此近臣最微末者。自春秋时，以仆人通书札，《左传》言魏绛授仆人书，此犹近世投刺者，必由阍人传入耳。秦时谒者，掌宾赞受事，尚书属少府博士通古今，与侍中皆天子近臣，而皆有仆射以领之。由是仆人，射人之名，始合为一，其被名非无故也（原注：《汉书百官公卿表》言古者重武，有主射以督课之。其说不合。近孙仲容始以仆人、射人之说正之）。汉时有尚书令一人，承秦所置。武帝初，用宦者，其后更为中书，司马迁尝为之。后汉有尚书令、尚书仆射、中书令，皆为真宰相。奄竖之称，施于执政，而世不以为耻者，由其习惯然矣。

侍中者，又贱官之名也。汉初侍中，非奉唾壶，即执虎子。至东汉，则侍中比二千石（原为“二千名”）。元魏以降，渐益显著，唐时亦以侍中为真宰相。然其所居，犹曰门下，斯与阍柝之徒何异，形迹之不可掩如此。

综此数者，则知古之宰相，皆以仆从小臣，得人主之信任。其始权藉虽崇，阶位犹下，最后乃直取其名以号公辅。然至于正位之后，而人主所信任者，又在彼不在此。汉之丞相、御史，权位皆至重也，东汉谓之司徒、司空，而国政已移于尚书矣。唐之尚书令、仆射、中书令、侍中，权位皆至重也。其后只为虚衔，而谋议国事者曰平章矣。明初亦置中书省，左右丞相，自胡维庸谋反以后，禁不得设，而天子所与论道者，归之内阁矣。明之大学士，秩不过正五品，至满洲乃以此为公辅之正名，而政权复移于军机处矣。是知正位居体之臣，为人君所特恶，必以近幸参之，或以差委易之，然后始得其欢心，知其要领。彼与奄人柄政，固未有以大殊也……

观于寺字、官字、臣字之得名，而知古代？所贵，惟天子与封君。其非有土子民之臣僚，则皆等于奴隶陪属。观于太阿、太保、冢宰、丞相、御史、仆射、侍中之得名，而知侍帷幄、参密议者，名为帝师，或曰王佐，其实乃佞幸之尤。世之乘时窃权而以致君尧、舜自伐者，可无愧耶？

（同上并参阅《检论》卷七《官统》）

四十八　论风俗之例

章先生之论风俗，亦独具慧眼，超出常流，溯风气之来源，穷社会的深奥。如说俗士以为魏、晋风俗，不及东汉，殊不知其敝俗无一不造端于汉代。汉代的纯德，在下吏诸生之间，虽魏、晋亦尽够与之相匹；魏、晋的侈德，下在都市，上即王侯贵人，虽汉世何尝没有！详见《五朝学》（《文集》卷一）。又如说晚世俗尚浮伪，滥称师生，其塾师在穷阎者，则弃之未尝一顾；而曲事座主，如对上皇，甚至执贽子上官，丑态百出。推究其始祸，实惟唐之韩愈！详见《箴新党论》。又如说唐代风俗淫佚，学者习为夸诞，不务质诚，都由于受了王勃之化。他的祖父王通的讲学著书，都出于他的假造。兹摘录首段于下：

隋、唐以科目更世胄，故鱼盐之士，管库之吏兴。匹夫有善，无勿举也。虽衰世犹有俊杰，此其贤于前世。及乎风俗淫佚，耻尚失所，学者狃为夸肆，而忘礼让，言谈高于贾、晁，比其制行不逮楼护陈遵。

章炳麟曰：尽唐一代学士，皆承王勃之化也。昔王应麟称《世说》清浮，《中说》闳实，天下治乱系之。此古所谓皮相者。凡论学术，当辨其诚、伪而已。《世说》虽玄虚，犹近形名，其言间杂调戏，要之中诚之所发舒。《中说》时有善言，其长夸诈则甚矣。案其言长安见李德林援琴鼓荡，及杜淹所为《世家》，称通问礼关朗，其年齿皆不逮（原注：晁公武《读书志》，叶大庆《考古质疑》，皆辨之），而房玄龄、杜淹、陈叔达，年皆长通，不得为其弟子（原注：近世黄式三辨之）。《旧唐书》称通仕至蜀郡司户书佐，疑其言献策者亦妄也。诸此诈欺之文，世或以为福郊、福畤增之。案通弟绩既以通比仲尼（原注：如汾亭操比龟山，白牛溪比尼丘泗涘之类），子姓袭其唐虚宜然。然其年世尚近，不可颠倒，而勃玄通稍远矣。生既不识李、房、杜、陈之畤，比长，故老渐调，得以妄述其事。《唐书》称通尝起汉、魏尽晋，作书百二十篇，续古《尚书》，有录无书者十篇。勃补完缺遗，定著二十五篇。由今验之，《中说》与《文中子世家》，皆勃所谰诬也。

夫其淫为文辞，过自高贤，而又没于势利，妄援隋、唐群贵以自光宠。浮泽盛，故虑宪衰；矜夸行，故廉让废。其败俗与科目相依，而加劲轶焉。终唐之世，文士如韩愈、吕温、柳宗元、刘禹锡、李翱、皇甫湜之伦，皆勃之徒也，其辞章觭耦不与焉。犹言魏、晋浮华，古道湮替，唐世振而复之，不悟魏晋老庄、刑名之学，覃思自得亦多矣。然其沐浴礼化，进退不越，政事堕于上，而民德厚于下（原注：魏、晋两代，惟西晋三四十年中，风俗大弊，然犹不及吴、蜀故虚，东晋则风俗已复矣），固不以玄言废也……

（《检论》卷四《案唐》）

所云房玄龄、杜淹、陈叔达不得为其弟子及种种诈欺之文，《葑汉昌言》卷六中亦有证明，云："王绩《游北山赋》，自注称其兄门人百数，有董恒、程元、贾琼、薛收、姚义、温彦博、杜淹，而不及房、杜、魏征、陈叔达等。由今追观，玄龄少时已知隋祚不长，而仲淹方献太平策；以隋文之猜刻，太子广之奸狡，杨素之邪佞，乃欲其追比成康，其识不及玄龄远甚，知房必不事王也。魏征于隋未为道士，诡托方外，亦无执挚儒门之理。陈叔达答绩书，称'贤兄文中子'，是叔达亦非仲淹门人。又云：'叔达亡国之余，幸赖前烈，有隋之末，滥尸贵郡，因霑善诱，颇识大方'。则是尝以郡守下问部民，非著籍门下者也。绩书但举亡兄芮城，不及文中，果尝抗颜为师，安有不举为表旗者哉？唐初卿佐，薛收最少，其为仲淹门人，斯无可疑。然《中说》称'内史薛公令子收往事，尚亦不谛；使道衡重仲淹如此，不令作蜀郡司户书佐矣'又《五朝学》自注云：'世人谓清谈废事，必忘大节。此实不然。乐广、卫玠，清言之令。然愍怀之废，故臣冒禁拜辞，为司隶所收缚，广即解遣之。'卫玠于永嘉四年，南至江夏，与兄别于梁里涧，语曰：‘在三之义，人之所重。今曰忠臣致身之道，可不勉乎？’不得谓忘大节也。又世谓南朝人专务声色，然求之史传，竟无其征，就有一二，又非历朝所无也。唐人荒淫，累代独绝，播在记载，文不可诬。又其浮竞慕势，尤南朝所未有。南朝疵点，专在帝室，唐乃延及士民……”此亦足与上引东晋风俗已复之言相发。

四十九　论修史

章先生对于修史的意见发表甚多，例如《近史商略》一文，于元、明史既有评论，于清史体裁的纰缪，尤多匡正。《国语志》，如《儒学》、《畴人》二传，如《叛臣传》，如《卓行传》，如《不列佞幸传》，所评均极确当。兹仅录其最末《论艺文儒学》一节如下：

艺文经籍语志，所以见古今书籍存亡之概，非为一代杨其华采也。自昔之为志者，大抵集合古今，归之部署。宋史虽多舛缪，旧籍存亡之数，犹可概知。独明志局于当代，观其序述，诚非好为更张。盖焦竑所为《经籍志》，多由臆造，若欧阳，大、小夏侯三家《南书》，齐、鲁、韩三家《诗》，贾逵，郑众之《春秋》，马融之《周礼》，卢植之《礼记》，李登之《声类》，谢承、华峤、司马彪、袁山松之《后汉书》，王隐、虞预、谢灵运、何法盛、藏荣绪之《晋书》，贾充、杜预之《晋律》，南宋以降，斩焉无存。而焦竑录之《志目》，其篇卷悉与汉、隋二志不异。此之荒诞，谁能信之？自是而外，文渊书目又不周详。是以明史专存一代，则慎言阙疑之旨也。而俗士昧其意趣，谓艺文当以断代为正，吾不谓断代非也。当代现有其书，则取而录之于志，如四柱清册者有旧管、新收、开除、现存之条。所谓现存，即以旧管、新收合计。作册者不专以新收为现存，作志者安得以一代作为断代耶？清时《四库书目》，外及私家储藏，虽非详尽，终异于虚张空簿者。不据斯以入录，而欲追踪明志，非所谓貌同心异者欤！且清世经师，多由博观自得，非有师法授受之统也。今为儒学传者，必推其原始，致之晚周，称商瞿受易孔子，曾申受诗子夏，师传阔绝，而以旦暮视之，何弄亢萧氏于酂候，追王家于齐建，施诸碑颂则可，行于方策则否矣。儒学当断限而反通，艺文宜广收而反局，何其瞀乱一至于斯也！或言古今具录，其目过繁。不悟唐志有书八万余卷，宋志有书十二万卷，清时新旧著录之书，宁能过是。若不知体要，而苟以虚伪鄙琐者相充，是虽清时一代之作，亦犹繁而难理矣。碑版传状所称著书如千卷者，其数可胜计耶？

（《检论》卷八《哀清史附录》）

五十　论治史

章先生对于今人治史的缺点，慨乎言之。例如《救学弊论》一文，于现代学校课程的失当，多所指摘，以为欲省功易进，多识而发志者，要算是历史罢！其书虽广，而文易知；其事虽烦，而贤人君子之事与夫得失之故悉有之。其所从入之途，则须务于眼学，不务耳学。末段有云：

……今之文科，未尝无历史，以他务分之，以耳学囿之，故其弊有五：一曰尚文辞而忽事实。盖太史兰台之书，其文信美，其用则归于实录。此以文发其事，非以事发其文。继二公为之者，文或不逮，其事固粲然。今尚其辞而忽其事，是犹买珠者好其椟也。二曰因疏陋而疑伪造。盖以一人贯串数百年事，或以群材辑治，不能相顾，其舛漏宜然。及故为回隐者，则多于革除之际见之，非全书悉然也。《史通》曲笔之篇，《通鉴》考异之作，已往往有所别裁。近代为诸史考异者又复多端，其略亦可见矣。今以一端小过，悉疑其伪。然则耳目所不接者，孰有可信者乎？百年以上之人，三里以外之事，吾皆可疑为伪也。三曰详远古而略近代。夫羲、农以上，事不可知；若言燧人治火，有巢居桧，存而不论可也。《尚书》上起唐、虞，下讫周世，然言其世次疏阔，年月较略，或不可以质言。是故孔子序甘誓以为启事，墨子说甘誓以为禹事。伏生、太史公说金縢风雷之变为周公薨后事，郑康成说此为周公居东事。如此之类，虽闭门思之十年，犹不能决也。降及春秋，世次年月，始克彰著，而迁、固以下因之，虽有异说，必不容绝经如此矣。好其多异说者，而恶其少异说者，是所请（此处疑为“所谓”）好画鬼魅，恶图大马也。不法后王而盛道久远之事，又非所以致用也。四曰审达塞而遗内治。盖中国之史自为中国作，非泛为大地作。域外诸国与吾有和战之事则详记之，偶通朝贡则略记之，其他固不记也。今言汉史者喜说条支、安息，言元史者喜详俄罗斯、印度，此皆往日所通，而今日所不能致。且观其政治风教，虽往日亦隔绝焉。以余暇考此固无害，苦徒审其踪迹所至，而不察其内政军谋何以致此，此外国之人之读中国史，非中国人之自读其史也。五曰重文学而轻政事。夫文章与风俗相系，固也。然寻其根株，是皆政事隆污所致。怀王不信谗则《离骚》不作，汉武不求仙则《大人赋》不献。彼重文而轻政者，所谓不揣其本求之于末已。且清谈盛时，犹多礼法之士；诗歌盛时，犹有经术之儒。其人虽不自禄于世，而当世必取则焉，故能持其风教，调之适中。今徒标揭三数文士，以为一时士俗，皆由此数人持之，又举一而废百也。扬榷五弊，则知昔人治史，寻其根株；今之治史，摭其枝叶。摭其所以致此者，以学校务于耳学；为师者不可直说事状以告人，是以遁而为此。能除耳学之制，则五弊可息，而史可兴也……

（《文录续编》卷一）

第十八节　经子及佛学上的贡献

五十一　说经

自章学诚发六经皆史之说，龚自珍引申之曰："六经者，周史之宗子也。《易》也者，卜筮之史也；《书》也者，记言之史也；《春秋》也者，记动之史也；《风》也者，史所采于民而编之竹帛，付之司乐者也；《雅颂》也者，史所采于士大夫也；《礼》也者，一代之律令，史职藏之故府，而时以诏王者也；《小学》也者，外史达之四方，瞽史谕之宾客之所为也。今夫宗伯虽掌礼，礼不可以口舌存；儒者得之史，非得之宗伯。乐虽司乐掌之，乐不可以口耳存；儒者得之史，非得之司乐。故曰：六经者，周史之大宗也。"章先生常谓学诚之言为有见，谓《春秋》即后世史家之本纪；《列传》、《礼经》、《乐书》，仿佛史家之志；《尚书》、《春秋》，本为同类；《诗》多纪事，合称诗史；《易》乃哲学史之精华，即今所称社会学（参阅诸祖耿：《记本师章公自述治学之工夫及志向》）。因为经史分部，魏以前无此说。经为官书，史官掌之，故谓之史。

章先生治经典，专崇古文，有云："六经皆史之方，治之则明其行事，识其时制，通其故言，是以贵古文。"（《国故论衡·明解故》下）因之先生治经，以周官、左氏为本。其法依据明文，不纯以汉世师说为正，以为不如是则怪说不绝。虽尚汉学，而亦不黜魏、晋。有云：

> 余谓清儒所失，在牵于汉学名义，而忘魏、晋干蛊之功。夫汉时十四博士，皆今文俗儒。诸古文大师虽桀然树质的，犹往往俯而汲之，如贾景伯、郑康成皆是也。先郑、许、马濡俗说为少，然其书半亡佚，后人欲窥其微，难矣。黄初以来始立毛氏《诗》，左氏《春秋》，《尚书》亦取马、郑，而尽废今文不用。逮《三体石经》之立，《书》、《春秋》古文一时发露，然后学有一尊，受经者无所恇惑。故其时有不学者，未有学焉而岐于今文者；以是校汉世之学，则魏、晋有卓然者矣。郑冲无俚，盗《石经》之字以造古文《逸书》，为世诟病，今所谓伪孔尚书是也。然今人知伪孔之非，为训说以更之者数家，猝然遇章句蹇棘，终已不能利解；就解其一二语，首尾相次，竟不知说何事，此有以愈于伪孔乎？无有也。清人说《周易》，多摭李鼎祚集解，推衍其例，则郑、荀、虞之义大备；然其例既

为王氏略例所破，纵如三家之说，有以愈于王氏乎？无有也。《春秋》言公羊者不足道。清世说左氏，必以贾服为极。贾服于传义诚审，及贾氏治春秋经，例本刘子骏，既为杜氏释例所破，质之丘明传例，贾氏之不合者亦多矣。《易》义广大，不可以身质，王氏与郑、荀、虞或皆有圣人之道焉，不敢知也。若《春秋》者，语确而事易见，凡例有定，不容支离，杜氏所得盖什七，而贾氏才一二耳……

（《文录续编》卷一《汉学论》下）

五十二　说易之例

章先生于《易》，虽无专著，然迭遭忧患，深有会心。《检论》中之《易论》而外，复有自述中所条记。使人读了，足以明《易》道之大。兹仅录其首二条如下：

上经以“乾”、“坤”列首，而序卦偏说“屯”、“蒙”。“屯”者草昧，“蒙”者幼稚，此历史以前事状也。“屯”称“即鹿无虞”，斯非狩猎之世乎？其时人如鸟兽，妃匹皆以劫夺得之，故云“匪寇婚媾”也。然女子尚有贞而不字，君子尚有舍不从禽。廉耻、智慧，人之天性，故可导以礼而厚其生。“蒙”始渐有人道，故言“纳妇”。婚姻聘币，初与买鬻等耳，故云“见金夫不有躬”也。“需”为饮食宴乐，始有酒食，乃人农耕之世。“观”说“神道设教”，“易”明宗教之事惟此耳。而“观我生观其生”者，展转追求，以至无尽，则知造物本无。此超出宗教以上者也。

观之所受曰“噬嗑”，“先王以明罚敕法”。大凡肉刑皆起宗教、蚩尤泯棼，九黎乱德，人为巫史，五虐之刑亦作焉。参及域外，则有以违教而受炮燔之刑者矣。“噬嗑”有灭鼻、灭趾之象，斯所以继“观”也。受“噬嗑”者为“贲”。“贲”者文饰，今所谓文明也。而君子以明庶政，无敢折狱，故称“贲其趾，舍车而徒”。是为废刖足而代以髡钳役作也。又称“贲其须”，则并除耏刑也。其卦亦及妃匹之事，言“白马翰如，匪寇婚媾”者，文明之世，婚礼大定，立轺骈马于是行矣。然亲迎御轮，亦仿古者劫掠而为之，如系赤违韨以仿蔽前耳，故亦称“匪寇婚媾”（原注：睽亦称匪寇婚媾，王辅嗣说此爻，即以文明至秽为说，所谓君子以同而异也）。足知开物成务，其大体在兹矣。

（《自述学术次第》）

五十三　说书之例

章先生于《书》，有《古文尚书拾遗定本》，是一部最后的著作，千载丛疑，一旦冰释。兹录其三则如下：

《尧典》：“黎民俎（原注：从敦煌所得释文本）饥。”《五帝本纪》作“黎民始饥”。此同马本，俎作祖，故马亦云始也。《周颂正义》引《书》黎民俎饥。注云：俎读曰阻。阻，厄也（原注：十行本如此）。段氏《撰异》云：“盖壁中故书作俎，故郑云俎读曰阻。古且与俎，音同义同。孔壁与伏壁当是皆本作且，伏读且为俎，训始。孔安国本则或通以今字作俎。”按段氏此说，所见甚卓。且祖古今字也。故安国、史迁、马氏皆以古今字通之，而读曰祖，且俎古亦一字也。故郑氏作俎，而改读为阻。究之始饥之义，不甚妥帖，读阻亦非经旨。寻说文，且，薦也。薦正当作荐。且饥、俎饥，正即《春秋传》所谓“荐饥”。《诗》所谓“饥馑荐臻”耳。在穀曰饥，在民曰饥，其实无异也。（原注：汉《食货志》黎民祖饥，正作饥。俞先生平议已知祖即且字，训当为荐。然未录作俎之本，今为补正，义始明确）

《盘庚》下：“用宏兹贲。”释鱼：“龟三足，贲。”此以贲为龟之大名，犹后世言蓍蔡，以蔡为龟之大名矣。宏，《说文》云：“屋深响也。”又云：“弦，屋响也。”“弦，谷中响也。”皆一义所孳乳，是宏有响应之义。《系辞》云：“君子将有为也，将有行也，问焉而以言，其受命也如响。”虞翻曰：“同声相应，故如响也。”此言用应兹龟，义正如此，与“各非敢违卜”意相足。

《无逸》：“文王卑服，即康功田功。”释文：“卑，马作俾，始也。”案《三体石经》，此字古文篆隶皆作卑，不从马读。服，古文作葡，借葡为服也。功，古文作叵。康，释宫云：“五达谓之康。”字亦作庚。《谛》有由庚，《春秋传》有夷庚，以为道路大名。康功者，谓平易道路之事；田功者，谓服田力穑之事。前者职在司空，后者职在农宫，文王皆亲莅之，故曰卑服。尝疑《周颂·执竞》云：“不显成康，上帝是皇；自彼成康，奄有四方。”成康即谓成道。《诗》言“踧踧周道”，“周道如砥”，明周家自有道路之制，与夏、商异，匠人管之，合方氏达之，所以车同轨也。

五十四 说诗之例

章先生于毛诗微言，所得尤众，藏之胸中未及著录。其散见于《检论》及《文录》者，例如“关雎故言”（《检论》卷二），谓所陈系文王与纣之事。后妃淑女，乃指鬼侯之女。“案鲁连书及太史殷本纪，皆说鬼侯一曰九侯，声相似。鬼侯有女而好，献之纣。鬼侯女不喜淫，纣以为恶，醢鬼侯。鄂侯争之强，辩之疾，故脯鄂候。文王闻之而窃叹，故拘之羑里库。”关雎辞在称美，而义有讽刺。

又如《小疋太疋说》（《文录》卷一）。谓依《说文》：“疋，足也。”古文以为诗大疋字。或曰：胥字。一曰：疋，记也。仓颉见鸟兽蹄迒之迹而初造书契，所以记录帑疋，取义于足迹。“大小疋者，《诗序》曰：‘言天下之事，形天下之风谓之雅。颂者，美盛德之形容，以其成功，告于神明。’颂本颂貌字。褒美则曰形颂，纪事则曰足迹。是故雅颂相待为名。孟子曰：‘王者之迹息而《诗》亡，诗亡然后《春秋》作。’范宁述之曰：‘孔子就大师而正雅颂，因鲁史而修《春秋》，列《黍离》于《国风》，齐王德于邦君，所以明其不能复雅，政化不足以被群后也。’此则王者之迹，谓之小疋大疋，古训敫如也。”又谓“疋之为足迹，声近雅，故为乌乌，声近夏故为夏声，一言而函数义可也”。

又如说公刘“其三军单，……彻田为粮”，掸啧索隐，于制度及文字，无不迎刃而解。有云：

殷制，公侯不过百里，然自后稷封邰，公刘迁豳，大王迁岐，周地绵亘已数百里，不以殷法宰制。《周语》曰："先王不窋窜于戎狄之间；及文王受命，建号称王，不侪于吴、楚之僭。"此则岐山以西，殷亦夷镇视之，势不能臣畜也。观《诗》有"彻田为粮"，"其军三单"，赋役车甲，悉能自为法令。

（《文录》卷一《封建考》）

此言当时周国的情形，了如指掌。至于"单"字，《毛传》训袭，本甚明了，而许君不能用，郑君亦在疑眩之间；王肃以下，更无论已。其实三单者，言更番征调，以后至者充前人之缺，犹今时常备、后备、预备之制。有云：

其军三单。传曰："三单相袭也。"单训为袭，是其本义。古文作[illegible]，象其系联也。小篆为单，象古文变其形。《释文》："太岁在卯曰单阏。"孙炎作蝉焉。《方言》："蝉，联也。"《扬雄传》曰："有周氏之蝉嫣。"蝉嫣训连，连续即相袭义，此借蝉为单也。孟子曰："唐虞禅。"《汉书文帝纪》曰："嬗天下。"禅本封禅，嬗本训谖，今以此为继位之义，亦借为单。禅位犹言袭位也。明此，则毛公训单为袭，斯为本义。其军三单者，更番征调，犹卒更、践更、过更之制，其事易明。说[illegible]为辰，经始多事矣。[illegible]如三展，凭臆说为辰字，何不曰[illegible]象弹丸，本弹之古文耶？凡钩摭钟鼎、诡更正文者，其无征多此也。说文训大，乃繟之假借也。

（《文录》卷一《与尤莹问答记》，并参阅同卷《毛公说字述》）

五十五　说《左传》之例

章先生于《左传》，早岁即著《春秋左传读》，未刊行。其《叙论》一篇，系专驳刘逢禄，晚年自饬为《春秋左传疑义答问》。（见《章氏丛书续编》）先生又谓“《说苑》、《新序》、《列女传》中所举左氏事义六七十条，其间一字偶易，正可见古文《左传》，不同今本，而子政古文，代以训诂，亦皆可睹”，乃著《刘子政左氏说》。兹录数条如下：

僖十九年传：“盍姑内省德乎。”《说苑》述此作“胡不退修德”。案《说文》：“徂，却也。从彳日夊。一曰行迟，徂，徂或从内。𧻚古文从辵。”案从内者，内声也。此内字乃衲之古文省借。子政识古文，退释内。《墨子·亲士》曰：“君子进不败其志，内究其情。”俞先生曰：“内乃衲坏字，与进对文。”今观此文，则内衲固以声通矣。《释文》：“省，察也。”省德谓自察其德何如。作修德者，便文易之，非训诂也。寻上说文王云，退修教而复伐之，则此当以逻退劝宋公，寉然无疑义（原注：上作逻，此作内者，古文不定一体，故彝器每有一字而前后异议者）。今人溺于内省不疚之文，皆以内为本字，由不知六书假借也。

《昭二十九年传》：“实有豕心。”《列女传》实作宕。按梁端以宕为实之误，未必然也。《说文》：“宕，过也。从宀砀省声。”此宕即砀。《淮南·本经训》：“玄玄至砀而运照。”注：砀，大也。然则宕有豕心者，大有豕心也。古文正尔，子政所见未讹，不得反以今本改之。

五十六　说诸子及佛学

章先生于诸子，初治韩非、荀卿之书，以为精到，次及墨翟、庄周，益饶妙悟。惟不好宋学，亦尚无意于释氏。观其自述，有云：

> ……三十岁顷，与宋平子交。平子劝读佛书，始观《涅槃》、《维摩诘》、《起信论》、《华严》、《法华》诸书，渐近玄门，而未有所专精也。遭祸系狱，始专读《瑜珈师地论》及《因明论》、《唯识论》，乃知瑜珈为不可加。既东游日本，提倡改革，人事繁多，而暇辄读《藏经》。又取魏译《楞伽》及《密严》诵之，参以近代康德。萧宾诃尔之书，益信玄理无过《楞伽》、《瑜珈》者。少虽好周、齐诸子，于老、庄未得统要。最后，终日读《齐物论》，知多与法相相涉，而郭象、成玄英诸家悉含胡虚冗之言也。即为《齐物论释》，使《庄子》五千言，字字可解。日本诸沙门亦多慕之。适会武昌起义，束装欲归，东方沙门诸宗三十余人属讲佛学，一夕演其大义，与世论稍有不同。东方人不信空宗，故于法相颇能讲受。而天台、华严、净土诸巨子，论难不已，悉为疏通滞义，无不厌心。余治法相以为理极不可改更，而应机说法，于今尤适……余既解《齐物》，于老氏亦能推明。佛法虽高，不应

用于政治、社会，此则惟待老、庄也。儒家比之，邈焉不相逮矣。然自此亦兼许宋儒，颇以二程为善，惟朱、陆无取焉。二程之于玄学，间隔甚多，要之未尝不下宜民物，参以戴氏，则在夷、惠之间矣。至并世治佛典者，多以文饰诸膏梁，助长傲诞，上交则谄，下交则骄，余亦不欲与语……

（《自述学术次第》）

《齐物论释》“书，引证释、老，破除名相，是一部谈玄的奇作。”其序文有云：

……（庄生）以为隐居不可以利物，故托抱关之贱；南面不可以止盗，故辞楚相之禄；止足不可以无待，故泯死生之分；兼爱不可以宜众，故建自取之辩；常道不可以致远，故存造征之谈。维纲所寄，其惟《逍遥》、《齐物》二篇，则非世俗所云自在、平等也。体非形器，故自在而无对；理绝名言，故平等而咸适。齐物文旨，华妙难知。魏、晋以下，解者亦众。既少综核之用，乃多似象之辞……执此大象，遂以胪言，儒、墨诸流，既有商榷，大、小二乘，犹多取携，夫然义有相征，非傅会而然也……

庞俊撰《章先生学术述略》，对于先生之言玄哲，有云：

……于是欧陆哲理，梵方绝业，并得餍而饫之，盖至是而新知旧学，融合无间，左右逢源，灼然见文化之根本，知圣哲（原书此处为“圣智”）之忧患。返观九流，而闳意眇旨，觌于一旦，先后作《原道》、《原名》、《明见》、《辨性》、《道本》、《道微》、《原墨》诸篇，精辟创获，清儒不能道其片言。其说始出，闻者震惊，而卒莫之能易。其《齐物论释》一篇，以佛解庄，名理渊渊，高蹈太虚，足为二千年来儒、墨九流解其封执。若其说狙公赋芧之文，然后知天钧两行之言，不同于园滑也；明尧伐三子之问，然后知天演进化之论，实多隐慝也。胜义稠叠，员舆之上，诸老先生未有先言之者。

寥寥数言，于叙述先生玄学的深邃，上涉圣涯，下宜民物，可谓得其大概了。

第十九节　对于中印文化沟通的期望

五十七　古来中印两国文化的关系

章先生对于中、印两国联合，期望甚殷，尝谓“东方文明之国，荦荦大者独吾与印度耳。言其亲也则如肺腑，察其势也则若辅车，不相互抱持而起，终无以屏蔽亚洲”（《印度中兴之望》）。旨哉斯言！返观历史，两国文化的交流，远起于汉代，海陆并进。由中国方面看来，实在是输入远过于输出。输入中最主要的，当然是佛教。大法东来，发展得异常伟大，我国士大夫及平民无不感受深刻。当初还不是直接的由印度译来，而是间接的得于西域。即如后汉的安世高，是译经的第一人，是中国佛教开山之祖，而其籍则为安息；西晋的佛图澄是中国北地佛教的开拓者，而其籍则为龟兹。这两个都是西域人。自是以后，我国的贤哲，渐渐不满于西域的间接输入，要直接求于印度，于是有西行求法之举。五百年间，高僧辈出，冒万险，历百艰，所产生的结果，能够大有造于文化界，法显和玄奘是其代表，译经既富。显师所著的《佛国记》，奘师所著的《西域记》，以及慧立所著的《慈恩三藏法师传》，不但佛学者奉为鸿宝，就是研究世界史者亦视为珍藏，欧洲诸国，均有译本。

我们对于印度文化，不但输入了教理，而且建设了诸宗。除此以外，还有科学、艺术、工业等很多。因之中、印两国，就国际的关系说，就文化先后的关系说，实在是难兄难弟。我们做弟弟的，究竟有什么礼物回敬老哥呢？有是有的，不过微薄点罢了。我们试读《续高僧传》，有云："奘奉敕翻《老子》五千文为梵言，以遗西域。"又云："又以《起信》一论，文出马鸣，彼土诸僧，思承其本，奘乃译唐为梵，通布五天。"可见玄奘的伟大，不仅阐扬大乘，建立新宗，而且是翻译中国名著的第一人，回译印度失传了的名论的第一人，这就是我们对于印度的贡献。

总之，我们吸收印度文化，绝不是生吞活剥，而是融会贯通。由印度佛教而创造出"中国的佛教"，由印度艺术而创造出"中国的艺术"，由印度的像印，而发明出"中国的印刷术"（敦煌发见的古物中有千佛像，就是用像印印成的。这种像印原于印度）。输入虽多，大有受用，不是模仿，而是创造，实在够得上称难弟！

五十八　先生居东时的努力

中、印两国文化的关系，密切如此！可惜明代以后，两国隔绝，历数百年，固由明代不竞，而语言文字的障碍亦其枢纽。为今之计，亟宜相互讲习，以恢复旧时的睦谊。章先生居东京时，一面亲从印度学士研究梵文，又咨问彼土诸宗学说；一面撰著鸿文，以祝印度的中兴，如《记印度西婆耆王纪念会事》、《印度中兴之望》、《印度独立方法》等（见《文录·别录》卷二）。其《送印度钵逻罕保什二君序》，缠绵悲壮，异常动人，摘录如下：

印度法学士钵逻罕自美利坚来，与其友保什走访余于东京。余固笃志于薄伽梵教，而甚亲印度人者也。平生未尝与其志士得衔杯酒之欢，亦未由知其名号。既见二君，欢相得也，已而悲至陨涕。二君道印度衰微之状，与其志士所经者，益凄怆不自胜。复问余支那近状。嗟呼！吾支那为异族陵轹，民失所庇，岂足为友邦君子道！顾念二国，旧肺腑也，当斟酌其长短，以相补苴。支那士人，喜言政治，而性嗜利，又怯懦畏死，于宗教偶然无所归宿，虽善应机，无坚确之操；印度重宗教，不苟求金钱储藏，亦轻生死，足以有为，独短于经国之术。二者相济，庶几其能国乎！昔我皇汉刘氏之衰，儒术堕废，民德日薄，赖佛教入而持世，民复挚醇，以启有唐之盛。讫宋世，佛教转微，人心亦日苟偷，为外族并兼，勿能脱。如印度所以顾复我诸夏者，其德岂有量耶？臭味相同，虽异族，有兄弟之好。迩来二国皆失其序，余辈虽苦心，不能成就一二，视我亲昵之国，沦陷失守，而鬻力不足以相扶持，其何以报旧德！今兹通请谒，复不得在故国，空借日本为瓯脱地，得造膝抒其衷情，相见握手，只益悲耳。

……昔德意志哲学者索宾霍尔（也可以译为“萧宾诃尔”）有言，恻怛爱人之德，莫印度若。欧罗巴之伦理，则旃陀罗（印度语，译言屠者）与蔑戾车（印度语，译言多须之野人）之伦理耳。吾视印度诸圣哲，释迦固上仁，摩拿法典与商羯罗之吠檀多教，亦哀隐人伦若赤子。回教素剽悍，既入印度，被其风，有宽容之德，与往世憎恶他教者异；载其清净，足以使民宁一。

近世欧人言支那即复振，其社会裁制，当为世界型范，夫体国经野之术，支那视印度，则昔人所谓礼先一饭者；至与万物相人偶，视若一体，卒勿能逮也。他日吾二国扶将而起，在使百姓得职，无以蹂躏他国相杀毁伤为事，使帝国主义之群盗，厚自惭悔，亦宽假其属地，赤黑诸族一切以等夷相视，是吾二国先觉之责已。斯事固久远，不可刻限；然世人多短算，谓支那衰敝，难复振起，印度则且终于沦替，何其局戚无远见耶？昔希腊、罗马，皆西方先进国，罗马亡且千四百年，希腊亡几二千年，近世额里什与意大利犹得光复。印度自被蒙古侵略，至今才六百岁，其亡国不如希腊，罗马之阔远，振其旧德，辅以近世政治，社会之法，谁谓印度不再兴者？余闻梵教有塞音氏，始建印度改革协会，穆卒昙娄继之，至于今未艾，而锡兰有须曼迦逻之徒，昭宣大乘，以统一佛教国民为臬，国之兴，当题芽于是。愿二君以此自状，余虽孱然若虮螽蛾子哉，亦从而后也。

钵逻罕君之来，期薄，将西度支那，而保什君亦且诣美利坚。美利坚人之遇保什君，余不敢亿；抑吾支那之群有司，为满洲人台隶，惟强是从，岂念畴昔兄弟之好？钵逻罕君虽多学，且倜傥有大志。彼其相遇，或不能如君望。独自吴淞溯江而上，至于巴汉，北出宛平，以窥榆关之险，观其山渎之瑰奇、人物之蕃殖，而俯焉制于异族，以与师度相校，悲世之情，宜若波涛而起矣。

（《文录·别录》卷二）

五十九　西游之志

章先生以居士之身，承奘师之学，夙愿西游，冀以宣扬我文化，使中、印两国，重申旧好，相互扶持。民国五年三月，厄于北平，曾赐书寿裳，命为设法。因即就商于教育总长张一麟，托其进言，竟未有成，至今耿耿。其书录在下方：

季茀足下：数旬不觌，人事变幻，闻伯唐辈亦已蜚遁。今之政局，固非去秋所可喻。羁滞幽都，我生靡乐，而栋折榱崩，咎不在我；经纶草昧，特有异人：于此两端，无劳深论。若云师法段干，偃息藩魏，虽有其术，固无其时也。今兹一去，想当事又有遮碍，晓以实情，当能解其忧疑耶！梵土旧多同志，自在江户，已有西游之约，于时从事光复，未及践言。纪元以来，尚以中土可得振起，未欲远离也。迩者时会倾移，势在不救，旧时讲学，亦为当事所嫉。至于老、庄玄理，虽有纂述，而实未与学子深谈，以此土无可与语耳。必索解人，非远在大秦，则当近在印度，兼寻释迦、六师遗绪，则于印度尤宜。以维摩居士之身，效慈恩法师之事，质之当事，应无所疑。彼土旧游，如钵逻罕、鲍什诸君，今尚无恙，士气腾上，愈于昔时远甚，此则仆所乐游也，兹事即难直陈当事，足下于彼，为求一纳牖者，容或有效，若以他事为疑，棋已终局，同归于尽可知矣，又安用疑人为，此间起居康健！

章炳麟白　二十三日

同年，先生归自北平，遍游新加坡、南洋诸岛，为华侨讲宗国安危的情势，以坚其内向之忱。岁晚始归。而先生西游之志，终未得达。

第四章　先生晚年的志行

第二十节　对于甲骨文的始疑终信

六十　早年作《理惑论》

甲骨文（或称殷契，亦称卜辞）的出土，是孔壁、汲冢以后最大的发现之一。距今不到五十年，研究者日多，已经蔚为一种新学问。章先生初甚怀疑，著《理惑论》（见《国故论衡》）以非难之。大意是说周礼有衅龟之典，未闻铭勒，其余见于龟策列传者亦刻画无传。骸骨入土，未有千年不坏，积岁稍久，故当化为灰尘。龟甲蜃珧，其质同耳，朽骨何灵，而能长久若是？开首有这样几句：

> 近有掊得龟甲者，文如鸟虫，又与彝器小异。其人盖欺世豫贾之徒，国土可鬻，何有文字？而一二贤儒，信以为质，斯亦通人之蔽。

先生作此论时，大约因为龟甲文初出，未暇细读，又因为素不信罗振玉（后来果然背叛民国，作了汉奸）的为人，遂牵连于其所研究的古文，这是甲骨文一时的不幸。

六十一　晚年议论的改变

甲骨文是商朝王室命龟之辞，太卜所典守的。我们现今能够在实物上考见文字，要以此为最古而最多。此文出土后，首先来研究考释之人要推孙诒让（第十三节中曾经提到他）。孙氏得了刘鹗所印的《铁云藏龟》，因为没有释文，苦难畅读，靠他平生四十多年攻治古文的心得和研究彝器款识的经验，参互解释，才得略略通晓。他的著书有二种：

（一）《契文举例》，其自序有云："四十年所见彝器款识逾二千种。大抵皆出周后，未获见真商文字为憾。顷得此册，不意衰年睹此奇迹，爱玩不已，辄穷两月力校读之，以前后复緟者，互相采绎，乃略通其文字。远古契刻遗文，更三四千年竟未漫灭，为足宝耳。今就所通者，略事甄述，用补有商一代书名之佚，兼以寻究仓后，籀前文字流变之迹。"

（二）《名原》，也是根据甲骨文以探求文字沿革之迹。这两种书的成就，不但开了文字学的新途径，简直使中国学术上和全部古代文化史上增了新的认识。

继之者有王国维，著《殷卜辞所见先公先王考》及《续考》、《戬寿堂所藏殷虚文字考释》、《殷周制度论》、《古史新证》等书，义据的精深，方法的缜密，可谓极考证家的能事。换句话说：能以旧史料释新史料，复以新史料释旧史料，多所发明，正经典的误字，溯制度的渊源，从来说古书奥义，未有如此之贯串者。

孙、王两氏之间，还有一个人须提明的，便是罗振玉，著有《殷虚贞卜文字考》、《殷虚书契考释》等。王国维称之为"三代以后言古文字者未尝有”。其他研究此学者尚众，不详举。

章先生晚年看见了这些创获，亦改变前说，认为甲骨文是可靠的。对于罗振玉的著作，说亦有可采处，真所谓“君子不以人废言”。惜乎此意未及写出，遽归道山，连腹稿亦埋藏地下，是多么不幸的事！时至今日，还有不明底细，援引先生早年《理惑论》之句以疑契文者信口胡说，未免太可笑了。

第二十一节　对于全面抗日的遗志

六十二　万恶的日本军阀

日本之有文化，初则传自中国和印度，近时则传自欧、美诸国，但是日本军阀负恩忘义，穷凶极恶，不但要侵占中国，简直要独霸全球，种种阴谋，竟想干“逢蒙杀羿”的勾当，使我们忍无可忍。蒋介石说：

“……惟有日本帝国主义者，则在中国政治的统一愈有成功，其侵华的阴谋，即愈见积极。继‘五三’事件之后，又有‘万宝山’事件，‘中村’事件，以为‘九·一八’事变的导火线。‘九·一八’以后，又有‘一·二八’之役，‘榆关’之役，‘热河’之役，‘长城’之役，‘藏本’事件，‘成都’事件，‘北海’事件，及至‘卢沟桥’事变，乃激起我们中国全面的抗战。”（《中国之命运》第四章第三节）

我们抗战四年以后，始对日本宣战，兹录《国民政府对日本宣战布告》的第一段如下：

日本军阀夙以征服亚洲并独霸太平洋为其国策，数年以来，中国不顾一切牺牲，继续抗战，其目的不仅所以保卫中国之独立生存，实欲打破日本之侵略野心，维护国际公法正义及人类福利与世界和平，此中国政府屡经声明者……

六十三　先生与抗日战争

因为严夷夏之防，是章先生一生志节的所在，所以对于抗日战争，提倡最力。当十九路军血战于上海，宋哲元军血战于长城，先生都发电嘉勉，以振士气。我们读《书十九路军御日本事》，知道抗战制胜之道，军民合作的如何重要。其文如下：

民国二十年九月，日本军陷沈阳，旋攻吉林，下之，未几又破黑龙江，关东三省皆陷。明年一月，复以海军陆战队窥上海，枢府犹豫，未有以应也。二十八日夕敌突犯闸北，我第十九军总指挥蒋光鼐，军长蔡廷锴令旅长翁照垣直前要之，敌大溃，杀伤过当。其后敌复以军舰环攻吴淞要塞，既击毁其三矣，徐又以陆军来。是时敌船械精利数倍于我，发炮射击十余里，我军无与相当者。要塞司令邓振铨惧不敌，遽脱走，乃令副师长谭启秀代之。照垣时往来闸北、吴淞间，令军士皆堑而处，出即散布，炮不能中，俟其近，乃以机关枪扫射之，弹无虚发。军人又多善跳荡，时超出敌军后，或在左右；敌不意我军四面至，不尽歼即缴械，脱走者才什一，卒不能逾我军尺寸。始，日本海军陆战队近万人，便衣队亦三千人，后增陆军万余人，数几三万，我军亦略三万。自一月二十八日至二月十六日，大战三回，小战不可纪，敌死伤八千余人，而我死伤不逾千。自清光绪以来，与日本三遇，未有大捷如今者也。

原其制胜之道，诚由将帅果断，东向死敌，发于至诚；亦以士卒奋厉，进退无不如节度；上下辑睦，能均劳逸，战剧时至五昼夜不卧，未尝有怨言；故能以弱胜强，若从灶上扫除焉。初，敌军至上海，居民二百余万，惴恐无与为计，闻捷，馈饷持橐累累而至；军不病民，而粮秣自足。诸伤病赴医院者，路人皆乐为扶舆，至则医师裹创施药，自朝至夜半未尝倦，其得人心如此。

章炳麟曰：自民国初元至今，将帅勇于内争，怯于御外，民间兵至，如避寇仇。今十九路军赫然与强敌争命，民之爱之，固其所也。余闻冯玉祥所部、长技与十九路军多相似；使其应敌，亦足以制胜。惜乎以内争散亡矣。统军者慎之哉！

民国二十一年二月十七日，章炳麟书。

（《文录续编》卷六）

我们又读“十九路军死难将士公墓表”，知道先生期望全面抗战是何等的殷切，其文如下：

民国二十一年一月，倭寇上海。十九路军总指挥蒋光鼐、军长蔡廷锴不及俟命，率所部二万人迎击。倭大创，增援者再，战几四十日，寇死五六千人，我军死伤亦称是。功虽未就，自中国与海外诸国战斗以来，未有杀敌致果如是役者也。

十九路军所部多广东子弟，死即槁葬上海，不得返其故。二十二年九月，度地广州黄华冈（即黄花岗）之南，以为公墓，迁而堋之。黄华冈者，清末志士倡义死葬其地者也；以二十一年上海之役相比，功足相副。

昔明遗臣张煌言死难，遗言立墓岳、于二公间，盖生以毅烈相附，死以茔兆相连，其义固然。今之迁葬，非徒饰美观，侈功伐，亦欲推其事类以兴来者。自黄华冈事讫，仅半载武昌倡义，卒以仆清，固其气足以震荡之。后之继十九路军而成大业者，其必如武昌倡义故事，以加于倭，然后前者为不徒死尔。盖功大者不赏，业盛者不能以笔札称扬，故略举死者之事，以俟后之终之者。

中华民国二十二年十月，余杭章炳麟撰并书。

（《文录续编》卷五）

先生这些文字的感召力极强，所以殁后只一年，伟大神圣的全面抗战果然开始了。假使先生还健在的话，该是多么兴奋呢！该还有许多篇雄文，写我民族怒吼之声，永垂不朽呢！

第二十二节　先生的日常生活

六十四　饮食起居

同门王基乾，于章先生的晚年生活，知之甚稔。寿裳因请其写文，俾实本节，兹录之如下：

章先生是怎样一个人，世所共知，本文只就先生的日常生活略为介绍：先生是一个赋性恢弘而有远略的人。他论政，论学，固然头头是道，但对于一些细微末节，甚至自己的饮食起居，却又毫不经意。他晚年寓居上海，后因事到苏州。有人劝他就在苏州住家，并且介绍他买一所房子。那所房子在侍其巷，只有前面一重是楼房，院子里栽了几棵树。他走去一看，就很满意说："还有楼。"看见树又说："还有树。"后面也不再看，就和人家议价。人家看他这样满意，向他索一万五千元。这在当时已是超过时价很多，本有还价的余地。不料先生非但不还价，竟付出一万七千元成交。等到章夫人晓得赶来看时，一切手续业已办妥，房子竟不能住！要卖，原价已经很高，绝对卖不出，租也租不上价，结果只有空着，雇人看守，另在锦帆路筑一新屋。

先生生平除嗜吸纸烟外，对于饮食别无专好。章夫人是信佛茹素的，禁食一切肉类。因为要维持先生的健康，案上也常常设鸡，但先生却从不下箸，只食面前菜蔬。后来有人建议，把鸡肉放在先生面前，从此即见先生专以鸡肉佐餐了。这件事说来很奇怪，但也不是绝无仅有。宋朱牟《曲洧旧闻》说："荆公又为执政，或言其喜食獐脯者，其夫人闻而疑之曰：'公平日未尝有择于饮食，何忽独嗜此？'因令问左右执事者：'何以知公之嗜獐脯耶？'曰：'每食不顾他物，而獐脯独尽，是以知之。'复问：'食时置獐脯何所？'曰：'在近匕筋处。'夫人曰：'明日姑易他物近匕筋处。'既而果食他物尽，而獐脯固在。而后人知特以其近故食之，而初非有所嗜也……”此即可看出一代伟人用功之深，精神有所专注，因此无暇据顾及饮食。人家骂王安石虚伪，不近人情。以先生之事例之，可见也并不尽然。

前段曾经说过，先生对于饮食别无专好，独嗜吸纸烟。他并不讲究好牌子，是纸烟就行。不过一经吸著，决不止一支。尤其是当讲学或和人谈天，总是一支接着一支，未尝去手。这时只见室中烟雾纷披，而先生神采方旺，谈锋更健。因为谈天也是先生乐事之一，只要有人触其机锋，话头便源源而出了。

先生素知医，于《伤寒论》尤有研究，间为人开方治病，也都能奏效。但关于自己的卫生，却又异常忽略。有时夫人劝他注意营养，多进补品如鸡蛋之类。先生听了，每每把夫人的话重述一遍，好像是闻所未闻。

先生更不从事运动，因此连走路似乎都很吃力。但如跟随他的人上前去搀扶，先生必极力挣脱，拂袖而去。由这一点，也可看出先生独立自由的精神。

先生对于金钱，简直可以说是视若无物，如前段所提的买房子就是一例。在别人看起来，他是受了欺，上了当。其实先生自己何尝有丝毫吝心。不过先生的性情是叫人摸不着的，有时家里零用他都要管，甚至买一刀草纸，也得直接向他领钱。

六十五　精神生活

先生读破万卷，著述等身。但藏书并不多，更不讲究版本。一部《十三经注疏》，只是普通的石印本。因为翻阅次数太多的缘故，已变成活叶。有一次为学生讲《尚书》，稍一不小心，书竟作蝴蝶飞，散落满地，引得哄堂大笑，而先生仍言谈自若，绝不在意。

先生的书名也不小，求书的人自然很多。他的书法自成一家，篆和行草都有一种面目。人家只要得到他的片纸只字，都视若拱壁，什袭珍藏，倒是先生本人，反不怎样满意自己的作品。往往一幅写成，看了一下，即放在废纸之列。这可给了他侍役一个赚钱的机会，竟串通一家装裱店，专窃这种字，印上先生的图章，装裱后价卖与人，得钱两人朋分，先生初不在意，一直经过很长的时间才发觉，因此他想出一个防弊的方法，就是把写来不要的字一律撦破，塞在字纸篓里，图章也从侍役手中收回，以为这样总是一个稳妥的办法了。但是他却忘了，作弊是我国人的特性。有一种人会防弊，也就有一种人会舞弊。在这以后，完整的纸固不易得，撦破的字装裱起来，还不是一样？至于图章，在先生用了多次以后，反正是要交给侍役一洗的，这可又给了侍役一个盖章的机会。

先生晚年除著书讲学外，也常常做点应酬文字，大概不外是书文题跋和碑铭之类。一篇墓志铭或墓表，人家通常送他一千元到二千元。但他做文章，并不就以金钱为准。据说有一个纱厂的主人，想请他做一篇表扬祖上的文字，送他万元作为润笔。他却极力拒绝，一字也不肯写。他替黎黄陂做了一篇洋洋的巨文，又一钱不受。因为先生是最重感情的，他于当代人物，除孙公外，惟于黄陂有知遇之感。所以替黄陂做文章，认为是应尽的义务。

因为先生享有当代大名，所以常常接到一些不相干的信。或是同他讨论某种问题，或只是恭维他。那班替先生办笔札的人，对于这些信，往往置之不理。但先生以为人家既有信来，总得回答，免使人家失望。因为这些被弃置的信，反是先生亲笔答复。

（以上是录王基乾的《章先生逸事》）

第二十三节　“学而不厌·诲人不倦”

六十六　苏州讲学

章先生光复中华，振兴学术，功业虽成而精力弥瘁。民国七年以后，知植党无益，一切泊然。晚年见当世更无可为，乃退而讲学于苏州。王基乾《忆余杭先生》文中，言其扶病讲学，直至弥留时的情形甚详。兹摘录如下：

……先生虽衰老，然于讲学则未忽稍苟。初，先生患鼻衄，中央以先生功在国家，特赠予万元，以为医药资。先生初不欲，既受之，则以此款为人民血汗所出，不欲用诸个人，因复成立国学讲习会于苏州寓庐，冠章氏二字，距初在东京讲学时，盖已二十有八年矣。先生讲学，周凡三次，连堂二小时，不少止，复听人质疑，以资启发；不足，则按日约同人数辈至其私室，恣意谈论，即细至书法之微，亦无不倾诚以告，初不计问题之洪纤也。二十五年夏，先生授尚书既蔵事，距暑期已近，先生仍以余时为足惜，复加授说文部首，以为假前可毕也。顾是时先生病续发，益以连堂之故，辄气喘。夫人因属基乾辈，于前一时之末，鸣铃为号，相率出室外。先生见无人倾听，可略止。然余时未满，诸人复陆续就座。先生见室中有人，则更肆其悬河之口矣。以此先生病弥甚。忆最后一次讲论，其日已未能进食，距其卒尚不及十日。而遗著《古文尚书拾遗定本》，亦临危前所手定。先生教学如此，晚近真罕有其匹也。

先生病发逾月，卒前数日，虽喘甚不食，犹执卷临坛，勉为讲论。夫人止之，则谓“饭可不食，书仍要讲”。呜呼！其言若此，其心至悲。凡我同游，能无泪下？

六十七　“哲人其萎”·国葬

国丧典刑，“哲人其萎”，民国二十五年六月十四日，先生逝世。寿裳在北平，闻“梦奠”之耗，不胜哀痛！曾于北平追悼会中，致开会辞，大意思说章先生之殁，举国同悲。但是我们今天在北平开会追悼，特别地加倍地来得悲哀！因为现在北平成为前线了！回念先生绸缪国是，每每不幸而言中。自民国元年，先生力主北都，以为辽东靠近强邻，易被凯觎。如果都城在南，控制必有所不及。到了国民革命军底定全国，奠都南京，东北虽改树国旗，仍旧自为风气，而先生昔日之言，渐不为人所称道。哪知道民国二十年九月十八之变，一朝而失三省，热河继陷，北平成为前线了。寿裳并集遗著，撰挽联云：

内之颉籀儒墨之文，外之玄奘义净之术，专志精微，穷研训故；

上无政党猥贱之操，下作懦夫奋矜之气，首正大义，截断众流。

上联首二句，出于《瑞安孙先生伤辞》，次句《葑汉微言》；下联首二句《答铁铮》，次二句《与王揖唐书》。上联是国学大师，下联是革命元勋。以先生之德业巍巍，文章炳炳，原非数十个字所能形容，不过轮廓依稀在是而已。

国民政府闻丧震悼，崇礼宿儒，明令褒扬，特予国葬。令文是：

国民政府令，二十五年七月九日，宿儒章炳麟，性行耿介，学问淹通。早岁以文字提倡民族革命，身遭幽系，义无屈挠。嗣后抗拒帝制，奔走护法，备尝艰险，弥著坚贞。居恒研精经术，抉奥钩玄；究其诣极，有逾往哲。所至以讲学为事，岿然儒宗，士林推重。兹闻溘逝，轸惜实深！应即依照国葬法，特于国葬。生平事迹存备宣付史馆。用示国家崇礼耆宿之至意。此令！

附录一 《訄书》选

原学第一（訄书一）

视天之郁苍苍，立学术者无所因。各因地齐、政俗、材性发舒，而名一家。希腊言：海中有都城曰韦盖，海大神泡斯顿常驰白马水上而为波涛（《宗教学概论》）。中国亦云。此非宾海者弗能虑造是也。伯禹得龟文，谓之九畴。惟印度亦曰：鸿水作，韦斯拏化鱼。视摩拏以历史，实曰“鱼富兰那”。二谶之迹，国有大川，而馈饷其诬。寒冰之地言齐箫，暑湿之地言舒绰，瀛坞之地言恢诡，感也。故正名隆礼兴于赵，并耕自楚，九州五胜怪迂之变在齐稷下。地齐然也。七雄构争，故宋钘、尹文，始言别宥，“以聏合欢，以调海内”。雅典共和之政衰，贵族执政，而道益败，故柏拉图欲辨三阶：以哲学者操主权，德在智；其次军士，德在勇；其次农工商，德在节制（柏拉图生于贵族，素贱平民主义，至是又惩贵族主义，故构此理想政体）。周室坏，郑国乱，死人多而生人少，故列子一推分命，归于厌世，“御风而行”，以近神仙。希腊之末，甘食好乐，而俗淫湎。故斯多葛家务为艰苦，作“自裁论”，冀脱离尘垢，死而宴乐其魂魄。此其政俗致之矣。培根性贪墨，为法官，以贿败。以是深观，得其精和，故能光大冥而倡利已。路索穿窬脱纵，百物无所约制，以是深观，得其精和，故能光大冥而极自由。庄周曰：封侯与治絖者，其方同也，惟其材性也。夫地齐阻于不通之世，一术足以杚量其国民。九隅既达，民得以游观会同，斯地齐微矣。材性者，率特异不过一二人，其神智苟上窥青天，违其时则舆人不宜。故古者有三因，而今之为术者，多观省社会、因其政俗，而明一指。

订孔第二（訄书二）

远藤隆吉曰："孔子之出于支那，实支那之祸本也。夫差第《韶》《武》，制为邦者四代，非守旧也。处于人表，至岩高，后生自以瞻望弗及，神葆其言，革一义，若有刑戮，则守旧自此始。故更八十世而无进取者，咎在于孔氏。祸本成，其胙尽矣。"（远藤氏《支那哲学史》）章炳麟曰：凡说人事，固不当以禄胙应塞。惟孔氏闻望之过情有故。曰：六艺者，道、墨所周闻。故墨子称《诗》《书》《春秋》，多太史中秘书。女商事魏君也，衡说之以《诗》《书》《礼》《乐》，从说之以《金版》《六弢》（《金版》《六弢》，道家大公书也，故知女商为道家）。异时老、墨诸公，不降志于删定六艺，而孔氏擅其威。遭焚散复出，则关轴自持于孔氏，诸子却走，职矣。《论语》者晻昧，《三朝记》与诸告饬、通论，多自触击也。下比孟轲，博习故事则贤，而知德少歉矣。荀卿以积伪俟化治身，以隆礼合群治天下。不过三代，以绝殊瑰；不贰后王，以綦文理。百物以礼穿榖，故科条皆务进取而无自戾。（《荀子·王制》上言："道不过三代，法不贰后王。"下言："声，则凡非雅声者举废；色，则凡非旧文者举息；械用，则凡非旧器者举毁；夫是之谓复古。"二义亦非自反。雅声、旧文、旧器，三代所用，人间习识。若有用五帝之音乐、服器于今，以为新异者，则必毁废。故惊注曰："复三代故事，则是复古不必远举也。"）其正名也，世方诸仞识论之名学，而以为在琐格拉底、亚历斯大德间（桑木严翼说）。由斯道也，虽百里而民献比肩可也。其视孔氏，长幼断可识矣。夫孟、荀道术皆踊绝孔氏，惟才美弗能与等比，故终身无鲁相之政，三千之化。才与道术，本各异出，而流俗多视是崇堕之。近世王守仁之名其学，亦席功伐已。曾国藩至微末，以横行为戎首，故士大夫信任其言，贵于符节章玺。况于孔氏尚有踊者！孟轲则踬矣，虽荀卿却走，亦职也（荀卿学过孔子，尚称颂以为本师。此则如释迦初教本近灰灭，及马鸣、龙树特弘大乘之风，而犹以释迎为本师也）。夫自东周之季，以至禹，《连山》息，《汨作》废，《九共》绝，墨子支之，衹以自陨。老聃丧其征藏，而法守亡，五曹无施。惟荀卿奄于先师，不用。名辩坏，故言殽；进取失，故业堕；则其虚誉夺实以至是也，虽然，孔氏，古良史也。辅以丘明而次《春秋》，料比百家，若旋机玉斗矣。谈、迁嗣之，后有《七略》。孔子死，名实足以伉者，汉之刘歆。

白河次郎曰："从横家持君主政体，所谓压制主义也。老庄派持民主政体，所谓自由主义也。孔氏旁皇二者间，以合意干系为名，以权力干系为实，此儒术所以能为奸雄利器。使百姓日用而不知，则又不如纵横家明言压制也。"按：所谓旁皇二者间者，本老氏之术，儒者效之，犹不若范蠡、张良为甚。庄周则于《马蹄》《胠箧》诸论，特发老氏之覆。老、庄之为一家，亦犹输、墨皆为艺士，其攻守则正相反，二子亦不可并论也。故今不以利器之说归曲孔氏。余见《儒道》篇。

儒墨第三（訄书三）

《春秋》《孝经》，皆变周之文，从夏之忠，而墨子亦曰“法禹”。不法其意而法其度，虽知三统，不足以为政。戾于王度者，非乐为大。彼苦身劳形以忧天下，以苦自觳，终以自堕者，亦非乐为大。何者？喜怒生杀之气，作之者声也。故湩然击鼓，士忾怒矣。铨然撞錞于，继以吹箫，而人人知惨悼。儒者之颂舞，熊经猿攫，以廉制其筋骨，使行不愆步，战不愆伐，惟以乐倡之，故人乐习也。无乐则无舞。无舞则苶弱多疾疫，不能处憔悴。将使苦身劳形以忧天下，是何以异于腾驾蹇驴，而责其登大行之阪矣？嗟乎！巨子之传，至秦汉间而斩。非其道之不逮申、韩、商、慎，惟不自为计，故距之百年而堕。夫文始五行之舞，遭秦未灭。今五经粗可见，《乐书》独亡，其亦昉于六国之季，墨者昌言号呼以非乐，虽儒者亦鲜诵习焉。故灰烬之余，虽有窦公、制氏，而不能记其尺札也。乌乎！佚、翟之祸，至自毙以毙人，斯亦酷矣。诋其“兼爱”而谓之“无父”，则末流之噧言，有以取讥于君子，顾非其本也。张载之言曰：“凡天下疲癃残疾惸寡惸独，皆吾兄弟之颠连而无告者。”或曰：“其理一，其分殊。”庸渠知墨氏兼爱之旨，将不一理而殊分乎？夫墨家宗祀严父，以孝视天下，孰曰无父？（详见《孝经本夏法说》，此不具疏）至于陵谷之葬，三月之服，制始于禹。禹之世，奔命世也。墨翟亦奔命世也。伯禽三年而报政，曰：革其故俗，丧三年乃除。大公反之，五月而报政。然则短丧之制，前倡于禹，后继踵于尚父。惟晏婴镌之，庐杖衰麻，皆过其职。墨子以短丧法禹，于晏婴则师其孅啬，而不能师其居丧，斯已左矣。虽然，以短丧言，则禹与大公皆有咎，奚独墨翟？以蔽罪于兼爱，谓之无父，君子重言之。（又按：《水经·淇水注》：《论语比考谶》曰：“邑名朝歌，颜渊不舍，七十弟子掩目，宰予独顾，由蹷堕车。”宋均曰：“子路患宰予顾视凶地，故以足蹷之，使堕车也。”寻朝歌回车，本墨子事，而《论语谶》以为颜渊。此六国儒者从墨非乐之证也。至于古乐，亦多怪迂，诚有宜简汰者。然乐则必无可废之义）。

儒道第四（訄书四）

学者谓黄老足以治天下，庄氏足以乱天下。夫庄周愤世湛浊，已不胜其怨，而托卮言以自解，因以弥论万物之聚散，出于治乱，莫得其耦矣。其于兴废也何庸？老氏之清静，效用于汉。然其言曰：“将欲取之，必固与之。”其所以制人者，虽范蠡、文种，不阴鸷于此矣。故吾谓儒与道辨，当先其阴鸷，而后其清静。韩婴有言：“行一不义，杀一不辜，虽得国可耻。”儒道之辨，其扬摧在此耳。然自伊尹、大公，有拨乱之才，未尝不以道家言为急（《汉·艺文志》，道家有《伊尹》五十一篇，《大公》二百三十七篇）。迹其行事，与汤、文王异术，而钩距之用为多。今可睹者，犹在《逸周书》。老聃为柱下史，多识故事，约《金版》《六弢》之旨，箸五千言，以为后世阴谋者法，其治天下同，其术甚异于儒者矣。故周公诋齐国之政，而仲尼不称伊、吕，抑有由也。且夫儒家之术，盗之不过为新莽；而盗道家之术者，则不失为田常、汉高祖。得本不求赢，财帛妇女不私取，其始与之而终以取之，比于诱人以《诗》礼者，其庙算已多。夫不幸污下以至于盗，而道犹胜于儒。然则愤鸣之夫，有讼言“伪儒”，无讼言“伪道”，固其所也。虽然，是亦可谓防窃钩而逸大盗者也。

儒法第五（訄书五）

自管子以形名整齐国，箸书八十六篇，而《七略》题之曰“道家”。然则商鞅贵宪令，不害主权术（见《韩非·定法篇》），自此始也。道其本已，法其末已！今之儒者，闻管仲、申、商之术，则震栗色变，曰：“而言杂伯，恶足与语治？”尝试告以国侨、诸葛亮，而诵祝冀为其后世。噫！未知侨、亮之所以司牧万民者，其术亦无以异于管仲、申、商也。然则儒者之道，其不能摈法家，亦明已。今夫法家亦得一于《周官》，而董仲舒之《决事此》，引儒附法，则吾不知也。夫法家不厌酷于刑，而厌歧于律。汉文帝时，三族法犹在，刑亦酷矣。然断狱四百，几于兴刑措之治者，其律一也。律之歧者，不欲妄杀人，一窃箸数令，一伤人箸数令，大辟之狱差以米，则令诛。自以为矜慎用刑，民不妄受戮矣。不知上歧于律，则下遁于情，而州县疲于簿书之事，日避吏议，娖娖不暇给。故每蔽一囚，不千金不足以成狱，则宁过而贳之。其极，上下相蒙，以究于废弛。是故德意虽深，奸宄瘉因以暴恣，今日是也。仲舒之《决事比》，援附经谶，有事则有例，比于酂侯《九章》。其文已冗，而其例已枝。已用之，斯焚之可也！著之简牍，拭之木觚，以教张汤，使一事而进退于二律。后之廷尉，利其生死异比，得以因缘为市，然后弃表埻之明，而从缘游之荡。悲夫！儒之戾也，法之䶩也。吾观古为法者，商鞅无科条，管仲无五曹令。其上如流水。其次不从则大刑随之。律不亟见，奚有于歧者？子弓曰：“居敬而行简，以临其民。”呜呼！此可谓儒法之君矣。

儒侠第六（訄书六）

漆雕氏之儒废，而闾里有游侠（《韩非·显学》：漆雕氏之儒，“不色挠，不目逃，行曲则违于臧获，行直则怒于诸侯”。是漆雕氏最与游侠相近也）。侠者无书，不得附九流，岂惟儒家摈之，八家亦并摈之。然天下有亟事，非侠士无足属。侯生之完赵也，北郭子之白晏婴也（见《吕氏·士节篇》），自决一朝，其利及朝野。其视聂政，则击刺之萌而已矣。且儒者之义，有过于“杀身成仁”者乎？儒者之用，有过于“除国之大害，捍国之大患”者乎？夫平原君，僭上者也，荀卿以为“辅”；信陵君，矫节者也，荀卿以为“拂”（见《荀子·臣道篇》）。世有大儒，固举侠士而并包之。而特其感概奋厉，矜一节以自雄者，其称名有异于儒焉耳。大侠不世出，而击刺之萌兴。虽然，古之学者，读书击剑，业成而武节立，是以司马相如能论荆轲。（《艺文志》杂家：《荆轲论》五篇，轲为燕刺秦王不成而死，司马相如等论之。”）天下乱也，义士则狙击人主，其他藉交报仇，为国民发愤，有为鸱枭于百姓者，则利剑刺之，可以得志。当世之平，刺客则可绝乎？文明之国，刑轻而奸谀恒不蔽其辜，非手杀人，未有考竟者也。康回滔天之在位，贼元元无算，其事阴沈，法律不得行其罚，议官者廑而去之。虽去，其倗党众，讙于井里，犹桑疑沮事。当是时，非刺客而巨奸不息，明矣。故击刺者，当乱世则辅民，当治世则辅法。治世知其辅法，而法严诛于刺客，何也？训曰：大臣能厚蓄积者，必浚民以得之，如子孙之善守，是天富不道之家也。故不若恣其不道以归于人（本《唐书·卢坦传》载坦语）。彼攻盗亦捊取于不道矣，法则无赦，何者？盗与刺客冒法抵禁者众，则辅法者不得独贳以生。哲王者知其禆补于政令，而阴作其气，道之以义方已矣。今之世，资于孔氏之言者寡也，资之莫若十五儒，“虽危起居，竟信其志”；“引重鼎不程其力，鸷虫攫搏不程勇”者。（凡言儒者，多近仁柔。独《儒行》记十五儒，皆刚毅特立者。窃以孔书氾博，难得要领。今之教者宜专取《儒行》一篇，亦犹古人专授《孝经》也）

附：上武论征张良事

《楚汉春秋》曰：淮阴武王反，上自击之（淮阴武王，韩信也。汉世诸王，诛死者亦有谥。燕刺王是其比矣。言上自击之者，即伪游云梦事，古史文不甚明了耳），张良居守。上体不安，卧辒车中，行三四里，留侯走东追上，簪堕被发，敢辒车排户，曰（按《说文》：“敢，使也，从攴，敢省声。”此非其字，当是揖之或字。《说文》：“揖，推捣也，从手，茸声。”此则从攴，茸省声。揖辒车者，推启其窗）：“陛下即弃天下，欲以王葬乎？以布衣葬乎？”上骂曰：“若翁天子也，何故以王及布衣葬乎？”良曰：“淮南反于东，淮阴害于西。”（按：反、害，字当互讹。时淮南未反也。淮阴王楚，亦在长安东南，视淮南则在西矣），恐陛下倚沟壑而终也（引见《御览》三百九十四）世读《太史公书》，言留侯如妇人好女，皆念以为运谋深婉，不兆于声色间。观其簪堕被发，一何厉也？秦汉间游侠之风未堕，良又素习于椎击者。下邳受书而后，优游道术以自持，忍也。而轻侠蹈厉之气，遇亟则亦显暴，固与诸葛亮、谢安之徒异矣。武德衰，学士慕良，乐闻其阔缓宁靖，其材性则莫之崇法也。是故登为大帅，而不任举一佩刀，谋于轩较之下，目可瞻马。

儒兵第七（訄书七）

甚矣！《阴符经》之缪也。其言曰："天发杀机，龙蛇起陆；人发杀机，天地反覆。"以为杀机之蛰，必至是而后起也。夫机之在心也，疾视作色，无往而非杀，无杀而非兵。兵也者，威也；威也者，力也。民之有威力，性也，武者不能革，而工者不能移，岂必至于折天柱、绝地维哉！儒者曰："我善御寇，'不禽二毛，不鼓不成列'。虽文王之用师，莫我胜也。"君子曰：田儓！其一曰："我善御敌，仰屋以思，为兵法百言。虽以不教民战可也。"君子曰："黠而愚！隅差智，故而呆。夫治兵之道，莫径治气。以白挺遇刃，十不当二；以刃遇火器，十不当一；以火器遇火器，气不治，百不当一。治气者，虽孟、荀与穰苴，犹是术也。有本有末而已矣！末而末者，可以撢其本。故蹴鞠列于技巧（《汉·艺文志》兵家有《蹴鞠》二十五篇），棋势、皇博列于术艺（《隋·经籍志》兵家有《棋势》四卷，《皇博法》一卷。按：今德意志教陆军有兵棋，其来远矣），不知者以为嬉戏也。其知者，以为民性有兵，不能旦旦而用于寇，故小作其杀机，以鼓其气。与儒者之乡射，其练民气则同。虽孟、荀与穰苴，犹是术也。此兵之本也。若夫临敌之道则有矣。方机动时，其疾若括镞；非先治气，则机不可赴；赴机以先人，而人失其长技矣。故曰：智者善度，巧者善豫，羿死桃棓不给射，庆忌死剑不给搏。王守仁知气，此所以成胜。"

学变第八（訄书八）

汉晋间，学术则五变。

董仲舒以阴阳定法令，垂则博士，教皇也。使学者人人碎义逃难，苟得利禄，而不识远略。故扬雄变之以《法言》。《法言》持论至剀易，在诸生间，险矣。王逸因之为《正部论》，以《法言》杂错无主，然已亦无高论（《正部论》元书已亡，诸书援引犹见大略，下论亡书准此）。顾猥曰：颜渊之箪瓢，则胜庆封之玉杯（《艺文类聚》七十三，《御览》七百五十九引）。欲以何明，而比儗违其伦类？盖忿狷之亢辞也。华言积而不足以昭事理，故王充始变其术，曰："夫笔箸者，欲其易晓而难为，不贵难知而易造；口论，务解分而可听，不务深迂而难睹也。"作为《论衡》，趣以正虚妄，审乡背。怀疑之论，分析百端。有所发擿，不避孔氏。汉得一人焉，足以振耻。至于今，亦未有能逮者也。然善为蜂芒摧陷，而无枢要足以持守，斯所谓烦琐哲学者。惟内心之不充颎，故言辩而无继。充称桓君山素丞相之迹，存于《新论》（《定贤篇》）。《新论》今亡，则桓、王之学亦绝。或曰：今之汉学，论在名物，不充其文辩，其正虚妄，审乡背，近之矣。东京之衰，刑赏无章也。儒不可任，而发愤者变之以法家。王符之为《潜夫论》也，仲长统之造《昌言》也，崔寔之述《政论》也，皆辨章功实，而深嫉浮淫靡靡，比于"五蠹"；又恶夫以宽缓之政，治衰敝之俗。《昌言》最恢广。上视扬雄诸家，牵制儒术，奢阔无施，而三子闳达矣。法家之教，任贤考功，期于九列皆得其人，人有其第，官有其伍，故姚信《士纬》作焉。乱国学者，盛容服而饰辩说，以贰人主之心，“修誉不诛，害在词主”（二语即《阮子正论》之言，见《意林》四引）。故阮武《正论》作焉。自汉季以至吴、魏，法家大行，而钟繇、陈群、诸葛亮之伦，皆以其道见诸行事，治法为章。然阔疏者苟务修古，亦欲以是快其佚荡。故魏衰而说变。当魏武任法时，孔融已不平于酒几，又箸论驳肉刑。及魏，杜恕倜傥任意，盖孟轲之徒也。凡法家，以为人性忮骈，难与为善，非制之以礼，威之以刑，不肃。故魏世议者言：“凡人天性多不善，不当待以善意，更堕其调中。”惟杜恕惎闻之，而云：已得此辈，当乘桴蹈仓海，“不能自谐在其间也”（《魏书·杜恕传》注引《杜恕新书》）。恕为《兴性论》，其书不传。推校之，则为主性善者。其作《体论》，自谓疏惰饱食，“父忧行丧，在礼多愆，孝声不闻。（引见《意林》五）”荀卿所谓顺情性而不事礼义积伪者也。盖自魏武审正名法，钟陈辅之，操下至严。文、明以降，中州士大夫厌检括苛碎久矣。势激而迁，终以循天性、简小节相上，固其道也。会在易代兴废之间，高朗而不降志者，皆阳狂远人。礼法浸微，则持论又变其始。嵇康、阮籍之论，极于非尧、舜，薄汤、武，载其厌世，至导引求神仙，而皆崇法老庄，玄言自此作矣。（魏晋间言神仙者，皆出于厌世观念，故多藉老庄抒其愤激。独葛洪笃信丹药，而深疾老庄，恶放弃礼法者如仇雠。观《抱朴》外篇《疾谬》《诂鲍》，其大旨在是矣。盖吴士未遭禅让，无所忿恚，故论多守文。及其惑于仙道，根诸天性，亦视愤世长往者为甚也）

凡此五变，各从其世。云起海水，一东一西，一南一北，触高冈，象林木而化。初世雄逸，化成于草昧，而最下矣。然箸书莫易以杂说援比诸家。故季汉而降，其流不绝。汉时周生烈已为《要论》。其后蒋济作《万机论》，谯周作《法训》，顾谭作《新语》，陆景作

《典语》，杜夷作《幽求新书》，杨泉作《物理论》。秦菁、唐滂之徒，皆有论箸，或称杂家，或缘儒老。上者稍见行事兴坏，其次乃以华言相耀。惟荀悦、徐榦为愈。《申鉴》温温，怀宝自珍。《中论》朴质理达矣。殷基曰："质胜文，石建；文胜质，蔡邕；文质彬彬，徐榦庶几也。"

学蛊第九（訄书九）

宋之余烈，蛊民之学者，程、朱亡咎焉，欧阳修、苏轼其孟也。修不通六艺，正义不习，而瞍以说经，持之无故，戋戋以御人，辞人也。不辨于名理，比合训言，反覆其文，自以为闻道，遭大人木强，而已得尸其名，以色取仁，居之不疑矣。轼之器，尽于发策决科，上便辞以耀听者；义之正负，朝莫之间，不皇计也。又飞钳而善刺也，审语默以自卫也，不知者个，宁墨藏其九；知不合一也，九合者不言。导人于感忽之间、疑玄之地以取之，故终身言谈无衅。且听辩之道，甲乙是非，本以筹策校计少多而断优绌。斯道少衰，惟后胜以为倞。故轼之诘人，专以后起伏击，无问其得失盈于算数未也。夫程朱虽未竟诇眇，犹审已求是；夸不若修，无寻常丈墨检式不若轼。修之烈，令专己者不学而自高贤，自谓以文辞承统，正体于上，玄圣素王。轼也使人跌逷而无主，设两可之辩，杖无穷之辞，遁情以笑，谓道可见端而不睹其尾，谓求学皆若解闭者，以不解解之也。孔子曰：亡而为有，虚而为盈，难乎有恒矣！巫医尚不可作，况朴学百艺邪？幸有顾炎武、戴震以形名求是之道约之，然犹几不能胜。何者？淫文破典，斠靡者众。今即诮士人以程、朱，辄勃然，以为侏儒鄙生我矣；诮以修、轼，什犹七八欢舞。校其乡背之数，学之不讲，谁之咎也？《易说》曰："阴羽之鸣，其子和之，不如翰音，丧其中孚；中孚之丧，不如大风，噫气落山；风之噫而山材落也，款言所以为蛊也。"嗟乎！赫赫皇汉，博士黯之。自宋以降，弥又晦蚀。来者虽贤，众寡有数矣。不知新圣哲人，持名实以遍诏国民者，将何道也？又不知齐州之学，终已不得齿比于西邻邪？

世言尊君卑臣，小忠为教，至程、朱始甚。此则未是。唐末说《春秋》者日众，要以明其事君尽谄之义。盛均作《仲尼不历聘解》，孙郃作《春秋无贤臣论》，皆持此旨。宋人张之，亦其势也。然程、朱犹有是非然否之辨。程于妇人有"饿死事小，失节事大"之说，盖一言以为不智尔。欧阳则一任名分，无复枉直可辨；其于孙复，颂美不尽，正以所见翕合故也。朱元晦亦言明复《春秋尊王发微》，推言治道，凛凛可畏。此则欧阳之余烈，已流及朱学矣。吾不谓程、朱绝无瑕疵，然即小忠为教一言，其祸首亦非程、朱也。

王学第十（訄书十）

王守仁南昌、桶冈之功，职其才气过人，而不本于学术。其学术在方策矣，数传而后，用者徒以济诈，其言则祗益缦简麤犄。何也？王守仁之立义，至单也。性情之极，意识之微。虽空虚若不可以卷握，其觗理纷纭，人鬓鱼网，犹将不足方物。是故古之为道术者，"以法为分，以名为表，以参为验，以稽为决，其数一二三四是也。"（《庄子·天下篇》语）《周官》《周书》既然，管夷吾、韩非犹因其度而章明之。其后废绝，言无分域，则中夏之科学衰。况于言性命者，抱蜀一趣，务为截削省要，卒不得省，而几曼衍，则数又亡以施。故校以浮屠诸论、泰西惟心合理之学说，各为条牒，参伍以变者，蛰之与昭、跛之与完也。夫浮屠不以单说成义，其末流禅宗者为之。儒者习于禅宗，虽经论亦不欲睹，其卒与禅宗偕为人鄙。义窭乏而尚辞，固𫆩质也。尝试最观守仁诸说，独“致良知”为自得，其他皆采自旧闻，工为集合，而无组织经纬。夫其曰“人性无善无恶”，此本诸胡宏（胡宏曰：“凡人之生，粹然天地之心，道义完具，无适无莫，不可以善恶辨，不可以是非分。”又曰：“性者，善不足以言之，况恶邪？”）而类者也，陆克所谓“人之精神如白纸”者也。其曰：“知行合一”，此本诸程颐（程颐曰：“人必真心了知，始发于行。如人尝噬于虎，闻虎即神色乍变。其未噬者，虽亦知虎之可畏，闻之则神色自若也。又人人皆知脍炙为美味，然贵人闻其名而有好之之色，野人则否。学者真知亦然。若强合于道，虽行之必不能持久。人性本善，以循理而行为顺，故烛理明，则自乐行。”按：此即知行合一之说所始）则紊者也，徒宋钘所谓“语心之容，命之曰心之行”者也（按：以色变为行，是即以心之容为心之行也。此衹直觉之知，本能之行耳。自此以上，则非可以征色发声，遽谓之行也。然程说知行，犹有先后。希腊琐格拉底倡知德合一说，亦谓了解善为何物，自不得不行之。并有先后可序。王氏则竟以知行为一物矣。卒之二者各有兆域，但云不知者必不能行，可也；云知行合流同起，不可也。虽直觉之知，本能之行，亦必知在行先，徒以事至密切，忘其距离，犹叩钟而声发，几若声与叩同起。然烛而暗除，不见暗为烛所消，其实声浪、光浪，亦非不行而至，其间固尚有忽微也。要之程说已滞于一隅，王氏衍之，其缪滋甚）。其于旧书雅记邪，即言“尧舜如黄金万镒，孔子如黄金九千镒”，则变形于孔融者。融为《圣人优劣论》曰：“金之优者，名曰紫磨，犹人之有圣也。”（《御览》八百十一引）即言人心亡时而不求乐，虽丧亲者，蓄悲则不快，哭泣擗踊，所以发舒其哀，且自宁也，则变形于阮籍者。籍为《乐论》曰：“汉顺帝上恭陵，过樊濯，闻鸟鸣而悲，泣下横流，曰：‘善哉鸟鸣！使左右吟声若是，岂不佳乎？’此谓以悲为乐也。”（《御览》三百九十二引）夫其缀辑故言如此其众，而世人多震慑之，以为自得。诚自得邪？冥心孑思以成于眇合者，其条支必贯，其鰓理必可以比伍。今读其书，顾若是无组织经纬邪？守仁疾首以攻朱学。且朱学者，恒言谓之支离矣。泛滥记志而支离，亦职也。今立义至单，其支离犹自若。悲夫！一二三四之数绝，而中夏之科学衰。故持一说者，傀卓于当年，其弟子无由缘循榦条以胜其师，即稍久而浸朽败。自古皇汉先民以然，非独守仁一人也（丘震曰王氏自得之义，独“致良知”一说。此固不可推究以极其辞，何者？良知不可言“致”，受“致”则非良知，当言“致可能性”尔。王氏胶于《大学》致知之文，以是傅会，说既违于论理，推究之则愈难通。宜其弟子无由恢扩也）。抑吾闻之，守仁以良知自贵，不务诵习，乃者观其因袭孔、阮，其文籍已秘逸矣。将钩沉捃啧以得若说，而自讳其读书邪？夫不读书以为学，学不可久，为是阴务诵习，而阳匿藏之。自尔渐染其学者，若黄宗羲、李绂，皆博览侈观，旁及短书。然宗羲尚往往以良知自文。章言不饰，李绂始为之。

颜学第十一（訄书十一）

明之衰，为程、朱者痿驰而不用，为陆、王者奇觚而不恒。诵数冥坐与致良知者既不可任，故颜元返道于地官。以乡三物者，德、行、艺也，斯之谓格物（按：以习行三物为学，无为傅会格物。傅会则“格”字训诂，终不可通）。保氏教六艺者，自吉礼以逮旁要三十六凡目也。更事久，用物多，而魂魄强，兵农、水火、钱谷、工虞，无不闲习。辅世则小大可用，不用而气志亦日以奘驵，安用冥求哉？观其折竹为刀，以胜剑客，磬控驰射，中六的也；当明室颠覆，东胡入帝，而不仕宦，盖不忘乎光复者。藉在挽近，则骑騳而动膽也。故曰："勇，达德也。"又数数疢心于宋氏之亡，儒生耆老痛摧折才士，而不用其尚武，则义之所激已。然外敕九容、九思，持之一跬步而不敢堕《曲礼》；自记言行，不欺晦冥；持志微眇若是，斯所以异于陈亮也。苦形为艺，以纾民难；其至孝恻怆，至奔走保塞，求亡父丘墓以归；讲室列弦匏弓矢，肆乐而不与众为觳；斯所以异于墨子也。形性内刚，孚尹旁达，体骏驵而志齐肃，三代之英，罗马之彦，不远矣！独恨其学在物，物物习之，而概念抽象之用少。其讥朱熹曰："道犹琴也（本作《诗》《书》犹琴也，与前后文义皆不合，今以意更正），明于均调节奏之谱，可谓学琴乎？故曰以讲读为求道，其距千里也。即又有妄人指谱而曰：'是即琴也，辨音律，协声均，理性情，通神明。'无越于是谱，果可以为琴乎？故曰以书为道，其距万里也。千里万里，何言之远也！亦譬之学琴然：歌得其调，抚娴其指，弦求中音，徽求中节，声求协律，是之谓学琴矣，未为习琴也；指从志，音从指，清浊疾徐有常节，鼓有常度，奏有常乐，是之谓习琴矣，未为能琴也。弦器可手制也，音律可耳审也，诗歌惟其所欲也，志与指忘，指与弦忘，私欲不作，而大和在室，感应阴阳，化物达天，于是乎命之曰能琴。今指不弹，志不会，徒以习谱为学琴，是渡河而望江也，故曰千里也。今目不睹，耳不闻，徒以谱为琴，是指蓟丘而谈滇池也，故曰万里也（录颜说）。"

夫不见其物器而习符号，符号不可用。然算术之横从者，数也。数具矣，而物器未形，物器之差率，亦即无以跳匿。何者？物器从繁，而数抽象也。今夫舍谱以学琴，乃冀其中协音律，亦离于柚象，欲纤息简而数之也。算者，谱者，书者，皆符号也。中国自六经百家以逮官书，既不能昭晰如谱，故胶于讲读者，眲缪于古人而道益远。非书者不可用，无良书则不可用。今不课其良不良，而课其讲读不讲读，即有良书，当一切废置邪？良书废，而务水火工虞，十世以后将各持一端以为教。昔管子明水地，以为集于天地，藏于万物，产于金石，集于诸生，故曰水神，惟他流士（希腊人）亦谓宙合皆生于水。海克德斯（希腊人），明神火播于百昌，则为转化，藏于匈中，干暵者为贤人，润湿者为愚人。此皆嵬琐于百物之杪枝，又举其杪枝以为大素，则道术自此裂矣，故曰滞于有形，而概念抽象之用少也。颜氏讥李颙不能以三事三物使人习行，顾终身沦于讲说。其学者李塨、王源，亦皆惩创空言，以有用为臬极。周之故言，仕学为一训（《说文》：仕，学也），何者？礼不下庶人，非宦于大夫，无所师。故学者犹从掾佐而为小史（秦法以使为师，此革战国之俗，而返之三代也）。九流所萌蘖，皆畴人之法，王官之契也。然更岁月久，而儒、道、形名，侵寻张大，以为空言者，社会生生之具至爻错。古者更世促浅，不烦为通论。渐渍二三千岁，不推其终始，审其流衍，则维纲不举，故学有无已而凑于虚。且御者必辨于骏良玄黄，远知马性，而近人性之不知；射者必谨于往镞拟的，外知物埻，而内识埻之不知；此其业不火驰乎？其学术不已憔悴乎？观今西方之哲学，不赍万物为当年效用，和以天倪，上酌其言，而民亦沐浴膏泽。虽玄言理学，至于浮屠，未其无云补也。用其不能实事求是，而觬理紊紾者多，又人人习为是言，方什伯于三物，是故文实颠偾，国以削弱。今即有百人从事于三物，其一二则以爱智为空言，言必求是，人之齐量，学之同律，既得矣！虽无用者，方以冥冥膏泽人事，何滞迹之有？颜氏徒见中国久淹于文敝，故一切以地官为事守，而使人无窈窕旷间之地。非有他也，亦不知概念抽象则然也。虽然，自荀卿而后，颜氏则可谓大儒矣。（按：《荀子·解蔽》云："空石之中有人焉，其名曰觙。其为人也，善射以好思。耳目之欲接，则败其思；蚊虻之声闻，则挫其精；是以辟耳目之欲，而远蚊虻之声，闲居静思则通。思仁若是，可谓微乎？孟子恶败而出妻，可谓能自强矣！有子恶卧而焠掌，可谓能自忍矣，未及好也。辟耳目之欲，可谓能自强矣，未及思也。蚊虻之声闻则挫其精，可谓危矣，未可谓微也。夫微者，至人也。至人也，何强？何忍？何危？故浊明外景，清明内景，圣人纵其欲，兼其情，而制焉者理矣。夫何强？何忍？何危？故仁者之行道也，无为也。圣人之行道也，无强也。仁者之思也恭，圣人之思也乐，此治心之道也。"据是，则至人无危，其次犹有闲居静思、辟欲远声者。以此思仁，是非李侗所谓默坐澄心、体认天理者邪？故知此事无与禅宗。特以藏息自治，任人自为，不容载诸学官律令，故师保诸职，未有一言及此。颜氏谓非，全屏此功，亦视思仁之道大轻矣，斯其不逮荀子者也）

清儒第十二（訄书十二）

古之言虚，以为两纑之间，当其无（本《墨子·经上》。纑即栌，柱上小方木也）。六艺者（凡言六艺，在周为礼、乐、射、御、书、数，在汉为六经。此自古今异语，各不相因，言者各就便宜，无为甘辛互忌），古《诗》积三千余篇，其他益繁，觕触无协；仲尼剟其什九，而弗能贯之以纑间。故曰：达于九流，非儒家擅之也。六艺，史也。上古以史为天官，其记录有近于神话（《宗教学概论》曰："古者祭司皆僧侣。其祭祀率有定时，故因岁时之计算，而兴天文之观测；至于法律组织，亦因测定岁时，以施命令。是在僧侣，则为历算之根本教权；因掌历数，于是掌纪年、历史记录之属。如犹太《列王纪略》《民数纪略》并列入圣书中。日本忌部氏亦掌古记录。印度之《富兰那》，即纪年书也。且僧侣兼司教育，故学术多出其口，或称神造，则以研究天然为天然科学所自始；或因神祇以立传记，或说宇宙始终以定教旨。斯其流漫繁矣。"按：此则古史多出神官，中外一也。人言六经皆史，未知古史皆经也），学说则驳。《易》之为道：披他告拉斯家（希腊学派）以为，凡百事物，皆模效數理，其性质有相为正乏者十种：一曰有限无限，二曰奇耦，三曰少多，四曰左右，五曰牝牡，六曰静动，七曰直线曲线，八曰昏明，九曰善恶，十曰平方直角。天地不率其秩序，不能以成万物，尽之矣（按：是说所谓十性，其八皆《周易》中恒义。惟直线曲线、平方直角二性，《易》无明文。庄忠棫《周易通义》曰：曲成万物，在《周髀》为句股弦，引伸之为和为较，言得一角则诸角可以推也。《易》不言句股弦，而言曲成，何也？句股弦不能尽万物，故一言"曲成万物"，又言"不遗"也。天之运行十二辰，曲成也。地之山川谿涧，曲成也；人物之筋脉转动，曲成也。故言"曲成"可以该《周髀》，言《周髀》不可以该"曲成"也）。《诗》若《薄伽梵歌》，《书》若《富兰那》神话，下取民义，而上与九天出王。惟《乐》，犹《傞马》（吠陀歌诗）、《黑邪柔》（吠陀赞诵祝词及诸密语，有黑白二邪柔）矣，鸟兽将将，天翟率舞，观其征召，而怪迂侏大可知也。《礼》《春秋》者，其言雅训近人世，故荀子为之隆礼义，杀《诗》《书》。礼义隆，则《士礼》《周官》与夫公冠、奔丧之典，杂沓并出而偕列于经。《诗》《书》杀，则伏生删百篇而为二十九（《尚书大传》明言“六誓”、“五诰”，其篇具在伏书。伏书所无，如《汤诰》者，虽序在百篇，而“五诰”不与焉。以是知二十九篇伏生自定，其目乃就百篇杀之，特托其辞于孔子耳。谓授读未卒遽死者，非也。知杀《诗》《书》之说，则近儒谓孔子本无百篇，壁中之书，皆歆、莽驾言伪撰者，亦非也）。《齐诗》之说五际、六情，庋《颂》与《国风》，而举二《雅》（迮鹤寿曰：十五《国风》，诸侯之风也；三《颂》，宗庙之乐也；唯二《雅》述王者政教，故四始、五际专用二《雅》，不用《风》《颂》。按：刘子骏《移太常博士》曰：“一人不能独尽其经，或为《雅》，或为《颂》，相合而成。”盖过矣。三家《诗》皆杀本经，而专取其一帙；今可见者，独《齐诗》。《齐诗》怪诞，诚不可为典要，以证荀说行于汉儒尔）。虽然，治经恒以诵法讨论为剂。诵法者，以其义束身，而有隆杀：讨论者，以其事观世，有其隆之，无或杀也。西京之儒，其诵法既狭隘，事不周浃而比次之，是故齵差失实，犹以师说效用于王官，制法决事，兹益害也。杜、贾、马、郑之伦作，即知“抟国不在敦古”，博其别记，稽其法度，核其名实，论其社会以观世，而“六艺”复返于史。神话之病，不渍于今，其源流清浊之所处，风化芳臭气泽之所及，则昭然察矣。乱于魏晋，及宋明益荡。继汉有作，而次清儒。

清世理学之言。竭而无余华；多忌，故歌诗文史楛；愚民，故经世先王之志衰（三事皆有作者，然其弗逮宋明远甚）。家有智慧，大凑于说经，亦以纾死，而其术近工眇踔善矣。始故明职方郎昆山顾炎武，为《唐韵正》《易诗本音》，古韵始明，其后言声音训诂者稟焉。太原阎若璩撰《古文尚书疏证》，定东晋晚书为作伪，学者宗之；济阳张尔岐始明《仪礼》；而德清胡渭审察地望，系之《禹贡》；皆为硕儒。然草创未精博，时糅杂宋明谰言，其成学箸系统者，自乾隆朝始。一自吴，一自皖南。吴始惠栋，其学好博而尊闻。皖南始戴震，综形名，任裁断。此其所异也。先栋时有何焯、陈景云、沈德潜，皆尚洽通，杂治经史文辞。至栋，承其父士奇学，揖志经术，撰《九经古义》《周易述》《明堂大道录》《古文尚书考》《左传补注》，始精眇，不惑于謏闻；然亦泛滥百家，尝注《后汉书》及王士祯诗，其余笔语尤众。栋弟子有江声，余萧客。声为《尚书集注音疏》，萧客为《古经解钩沉》，大共笃于尊信，缀次古义，鲜下己见。而王鸣盛、钱大昕亦被其风，稍益发舒。教于扬州，则汪中、刘台拱、李惇、贾田祖，以次兴起。萧客弟子甘泉江藩，复缵续《周易述》。皆陈义尔雅，渊乎古训是则者也。震生休宁，受学婺源江永。治水学、礼经、算术、舆地，皆深通。其乡里同学，有金榜、程瑶田，后有凌廷堪、三胡。三胡者，匡衷、承珙、培翚也，皆善治《礼》。而瑶田兼通水地、声律、工艺、谷食之学。震又教于京师。任大椿、卢文弨、孔广森，皆从问业。弟子最知名者，金坛段玉裁，高邮王念孙。玉裁为《六书音韵表》以解《说文》，《说文》明。念孙疏《广雅》，以经传诸子转相证明，诸古书文义诘诎者皆理解。授子引之，为《经传释词》，明三古辞气，汉儒所不能理绎。其小学训诂，自魏以来，未尝有也（王引之尝被诏修《字典》，今《字典》缪妄如故，岂虚署其名邪？抑朽蠹之质不足刻雕也）。近世德清俞樾、瑞安孙治让，皆承念孙之学。樾为《古书疑义举例》，辨古人称名牴牾者，各从条列，使人无所疑眩，尤微至。世多以段、王、俞、孙为经儒，卒最精者乃在小学，往往近名家者流，非汉世《凡将》《急就》之侪也。凡戴学数家，分析条理，皆密严瑮，上溯古义，而断以己之律令，与苏州诸学殊矣。然自明末有浙东之学，万斯大、斯同兄弟，皆鄞人，师事余姚黄宗羲，称说《礼经》，杂陈汉、宋，而斯同独尊史法。其后余姚邵晋涵、鄞全祖望继之，尤善言明末遗事。会稽章学诚为《文史》《校雠》诸通义，以复歆、固之学，其卓约过《史通》。而说《礼》者羁縻不绝。定海黄式三传浙东学，始与皖南交通。其子以周作《礼书通故》，三代度制大定。惟浙江上下诸学说，亦至是完集云。初，太湖之滨，苏、常、松江、太仓诸邑，其民佚丽。自晚明以来，喜为文辞比兴，饮食会同，以博依相问难，故好浏览而无纪纲，其流风遍江之南北。惠栋兴，犹尚该洽百氏，乐文采者相与依违之。及戴震起休宁，休宁于江南为高原，其民勤苦善治生，故求学深邃，言直核而无温藉，不便文士。震始入四库馆，诸儒皆震竦之，愿敛衽为弟子。天下视文士渐轻，文士与经儒始交恶。而江淮间治文辞者，故有方苞、姚范、刘大櫆，皆产桐城，以效法曾巩、归有光相高，亦愿尸程朱为后世，谓之桐城义法。震为《孟子字义疏证》，以明材性，学者自是薄程朱。桐城诸家，本未得程朱要领，徒援引肤末，大言自壮（按：方苞出自寒素，虽未识程朱深旨，其孝友严整躬行足多矣。诸姚生于纨绔绮襦之间，特稍恬倓自持，席富厚者自易为之，其他躬行，未有闻者。既非诚求宋学，委蛇宁靖，亦不足称实践，斯愈庳也）。故尤被轻蔑。范从子姚鼐，欲从震学；震谢之，犹亟以微言匡饬。鼐不平，数持论诋朴学残碎。其后方东树为《汉学商兑》，徽章益分。阳湖恽敬、陆继辂，亦阴自桐城受义法。其余为俪辞者众，或阳奉戴氏，实不与其学相容（俪辞诸家，独汪中称颂戴氏，学已不类。其他率多辞人，或略近惠氏，戴则绝远）。夫经说尚朴质，而文辞贵优衍；其分涂自然也。文士既已媱荡自喜，又耻不习经典，于是有常州今文之学，务为瑰意眇辞，以便文士。今文者，《春秋》，公羊；《诗》，齐；《尚书》，伏生；而排斥《周官》，《左氏春秋》，《毛诗》，马、郑《尚书》。然皆以公羊为宗。始，武进庄存与戴震同时，独喜治公羊氏，作《春秋正辞》，犹称说《周官》。其徒阳湖刘逢禄，始专主董生、李育，为《公羊释例》，属辞比事，类列彰较，亦不欲苟为恢诡。然其辞义温厚，能使览者说绎。及长洲宋翔凤，最善傅会，牵引饰说，或采翼奉诸家，而杂以纤纬神秘之辞。翔凤尝语人曰："《说文》始一而终亥，即古之《归藏》也。"其义瑰玮，而文特华妙，与治朴学者异术，故文士尤利之。道光末，邵阳魏源，夸诞好言经世，尝以术奸说贵人，不遇；晚官高邮知州，益牢落，乃思治今文为名高；然素不知师法略例，又不识字，作《诗书古微》。凡《诗》今文有齐、鲁、韩，《书》今文有欧阳、大小夏侯，故不一致。而齐、鲁、大小夏侯，尤相攻击如仇雠。源一切掍合之，所不能通，即归之古文，尤乱越无条理。仁和龚自珍，段玉裁外孙也，稍知书，亦治《公羊》，与魏源相称誉。而仁和邵懿辰为《尚书通义》《礼经通论》，指《逸书》十六篇、《逸礼》三十九篇，为刘歆矫造，顾反信东晋古文，称诵不衰，斯所谓倒植者。要之，三子皆好为姚易卓荦之辞，欲以前汉经术助其文采，不素习绳墨，故所论支离自陷，乃往往如俳语。惟德清戴望述《公羊》以赞《论语》，为有师法。而湘潭王闿运并注五经。闿运弟子，有资州廖平传其学，时有新义，以庄周为儒术，说虽不根，然犹愈魏源辈绝无伦类者。大抵清世经儒，自今文而外，大体与汉儒绝异。不以经术明治乱，故短于风议；不以阴阳断人事，故长于求是。短长虽异，要之皆征其文明。何者？传记通论，阔远难用，固不周于治乱。建议而不雠，夸诬何益？䰠鬼、象纬、五行、占卦之术，以宗教蔽六艺，怪妄！孰与断之人道，夷六艺于古史，徒料简事类，不曰吐言为律，则上世社会污隆之迹，犹大略可知。以此综贯，则可以明进化；以此裂分，则可以审因革。故惟惠栋、张惠言诸家，其治《周易》，不能无捃摭阴阳，其他几于屏阁。虽或琐碎识小，庶将远于巫祝者矣。晚有番禺陈澧，当惠、戴学衰，今文家又守章句，不调洽于他书，始匄合汉、宋，为诸《通义》及《读书记》，以郑玄、朱熹遗说最多，故弃其大体绝异者，独取小小翕盍，以为比类。此犹揃豪于千马，必有其分刌色理同者。澧既善傅会，诸显贵务名者多张之。弟子稍尚记通，以言谈剿说取人。仲长子曰："天下学士有三奸焉。实不知，详不言，一也；窃他人之说，以成己说，二也；受无名者，移知者，三也。"（见《意林》五引《昌言》）

自古今文师法散绝，则唐有《五经》《周礼》《仪礼》诸疏，宋人继之，命曰《十三经注疏》。然《易》甩王弼，《书》甩梅赜，《左氏春秋》用杜预，《孝经》用唐玄宗，皆不厌人望。梅赜伪为古文，仍世以为壁藏于宣父，其当刊正久矣。毛、郑传注无间也，疏人或未通故言，多违其本。至清世为疏者，《易》有惠栋《述》，江藩、李林松《述补》（用荀、虞二家为主，兼采汉儒各家及《乾凿度》诸纬书），张惠言《虞氏义》。《书》有江声《集注音疏》，孙星衍《古今文注疏》（皆削伪古文。其注，孙用《大传》《史记》，马、郑为主。江间入己说。然皆采自古书，未有以意锻析者）。诗有陈奂《传疏》（用毛《传》，弃郑《笺》）。《周礼》有孙诒让《正义》。《仪礼》有胡培翚《正义》。《春秋左传》有刘文淇《正义》（用贾、服注：不具，则兼采杜解）。

《公羊传》有陈立《义疏》。《论语》有刘宝楠《正义》。《孝经》有皮锡瑞《郑注疏》。《尔雅》有邵晋涵《正义》，郝懿行《义疏》。《孟子》有焦循《正义》。《诗》疏稍胶，其他皆过旧释。用物精多，时使之也。惟《礼记》《穀梁传》独阙。将孔疏翔实，后儒弗能加，而穀梁氏淡泊鲜味，治之者稀，前无所袭，非一人所能就故。他《易》有姚配中（箸《周易姚氏学》），《书》有刘逢禄（箸《书序迷闻》《尚书今古文集解》），《诗》有马瑞辰（箸《毛诗传笺通释》）、胡承珙（箸《毛诗后笺》）。探啧达指，或高出新疏上。若惠士奇、段玉裁之于《周礼》（惠有《礼说》，段有《汉读考》），段玉裁、王鸣盛之于《尚书》（段有《古文尚书撰异》，王有《尚书后案》），张逢禄、凌曙、包慎言之于《公羊》（刘有《公羊何氏释例》及《解诂笺》，凌有《公羊礼疏》。包有《公羊历谱》），惠栋之于左氏（有《补注》，皆新疏所本也）。焦循为《易通释》，取诸卦爻中文字声类相比者，从其方部，触类而长，所到冰释。或以“天元一”术通之，虽陈义屈奇，诡更师法，亦足以名其家。黄式三为《论语后案》，时有善言，异于先师，信美而不离其枢者也。《穀梁传》惟侯康为可观（箸《穀梁礼证》），其余大抵疏阔。《礼记》在三《礼》间，故无专书训说。陈乔枞、俞樾并为《郑读考》，江永有《训义择言》，皆短促不能具大体。其他《礼经纲目》（江永箸），《五礼通考》（秦蕙田箸），《礼笺》（金榜箸），《礼说》（金鹗箸），《礼书通故》（黄以周箸）诸书，博综三《礼》，则四十九篇在其中矣。然流俗言《十三经》。《孟子》故儒家，宜出。惟《孝经》《论语》《七略》入之六艺，使专为一种，亦以尊圣泰甚，徇其时俗。六艺者，官书，异于口说。礼堂六经之策，皆长二尺四寸（《盐铁论·诏圣篇》，二尺四寸之律，古今一也。《后汉书·曹褒传》：《新礼》写以二尺四寸简。是官书之长，周、汉不异）。《孝经》谦半之。《论语》八寸策者，三分居一，又谦焉（本《钩命决》及郑《论语序》）。以是知二书故不为经，宜隶《论语》儒家，出《孝经》使傅《礼记通论》（凡名经者，不皆正经，贾子《容经》，亦《礼》之传记也）。即十三经者当财减也。至于古之六艺，唐宋注疏所不存者，《逸周书》则校释于朱右曾；《尚书》欧阳、夏侯遗说，则考于陈乔枞；三家《诗》遗说，考于陈乔枞；《齐诗》翼氏学。疏证于陈乔枞；《大戴礼记》，补注于孔广森；《国语》，疏于龚丽正、董增龄。其扶微辅弱，亦足多云。及夫单篇通论，醇美塙固者，不可胜数。一言一事，必求其征，虽时有穿凿，弗能越其绳尺，宁若计簿善承展视而不惟其道，以俟后之咨于故实而考迹上世社会者，举而措之，则质文蕃变，较然如丹墨可别也。然故明故训者，多说诸子，惟古史亦以度制事状征验。其务观世知化，不欲以经术致用，灼然矣。若康熙、雍正、乾隆三世，纂修七经，辞义往往鄙倍，虽蔡沈、陈澔为之臣仆而不敢辞；时援古义，又椎钝弗能理解，譬如薰粪杂糅，徒睹其污点耳。而徇俗贱儒，如朱彝尊、顾栋高、任启运之徒，瞢学冥行，奋笔无怍，所谓乡曲之学，深可忿疾，譬之斗筲，何足选也！

学隐第十三（訄书十三）

魏源默深为《李申耆传》，称乾隆中叶，惠定宇、戴东原、程易畴、江叔沄、段若膺、王怀祖、钱晓徵、孙渊如及臧在东兄弟，争治汉学，锢天下智惠为无用。包世臣慎伯则言东原终身任馆职，然揣其必能从政。二者交岐。繇今验之，魏源则信矣。吾特未知其言用者，为何主用也？处无望之世，衒其术略，出则足以佐寇。反是，欲与寇竞，即罗网周密，虞候迦互，执羽籥除暴，终不可得。进退跋疐，能事无所写，非施之训诂，且安施邪？古者经师如伏生、郑康成、陆元朗，穷老笺注，岂实泊然不为生民哀乐？亦遭世则然也。今观世儒，如李光地、汤斌、张廷玉者，朝读书百篇，夕见行事，其用则贤矣。若夫袁宏之颂荀彧者曰："始救生人，终明风概。"数子其能瞻望乎哉！故曰："大儒胪传，小儒压颟"，《诗》《礼》之用则然。比度于无用者，孰贤不肖？则较然察矣，定宇殁，汉学数公，皆拥树东原为大师。其识度深浅，诚人人殊异。若东原者，观其遗书，规摹闳远，执志故可知。当是时，知中夏黯黮不可为，为之无鱼子虮虱之势足以藉手；士皆思偷惕禄仕久矣，则惧夫谐媚为疏附，窃仁义于侯之门者，故教之汉学，绝其恢谲异谋，使废则中权，出则朝隐。如是足也！借使中用如魏源，能反其所述《圣武记》以为一书，才士悉然，东原方承流奔命不给，何至槁项自絷，缚汉学之拙哉？或曰：弁冕之制，绅昜之度，今世为最微；而诸儒流沫讨论，以存其概略，是亦当务之用也。（任幼植箸《弁服释例》。幼植之学，出自东原。张皋文箸《仪礼图》。皋本文学出金辅之，辅之与东原亦最相善）

订实知第十四（馗书十四）

号钟，乐之至和也，弹以穆羽，惟钟期能辨其律者，非号钟为钟期调，为他人流嘶也。千岁之青晲，三代宝之，非格人则不兆，是孰为神灵哉？夫孔子吹律而知其姓，占鼎折足而知鲁人之胜越也，亦若此矣。王充曰："圣人不前知，藉于物也。"尝试截解谷之管，使充以中声吹之，能知己姓所出乎？夫不藉物而知，谓之鬼神（如童谣鸟鸣之属，皆通言鬼神，非谓天神人鬼）；藉于物而知，谓之圣人（《周礼》大司徒："知仁圣，义忠和。"圣本一德，《毛诗·凯风》传："圣，睿也。"《说文》："圣，通也。"故昭朗万形、不滞一隅者，谓之圣人，亦犹今言通人而已。春秋时称臧武仲为圣人，非为过情之誉。若后世言神圣者，无所取尔）。若上中仁智以下，虽藉物犹不知也（《古今人表》列上中仁人、上下智人。然非以其德慧材性区分，徒以仁智标目而已。今用其义）。詹何圣于牛，杨翁仲圣于马，樗里子圣于地，其术皆圣也。抟精一思，不足以旁通。至于圣人则具矣。虽然，其末也。夫三统之复，文质之变，圣人以上知千世、下知千世，则不藉于物矣。尧知稷、契后皆王，周公知齐、鲁强弱，孰与高祖之测吴濞犁五十年？故挈万祀之风教，而射之崇朝者，非圣哲莫能也。既知政教，又以暇游艺，藉物以诇其姓名人地，则《绿图》《幡薄》自此作。虽然，其粝者在姓名人地，而凿者在政教，则圣人所以作《绿图》《幡薄》者，其本末可知。《楼炭》也，《万岁历祠》也（《隋·经籍志》五行家，有《万岁历祠》二卷），《皇极经世》也，算人之藉物，亦以知来，其凿在彼不在此，是以非圣人之知也。今夫荧惑之占，填星之课，无益于民物，而巫咸好之，然其昭朗则不在是。知此者，可以知圣人之知矣！

通谶第十五（訄书十五）

"积爱为仁，积仁为灵。"（《说苑·修文篇》语）夫灵，何眩谲奇觚之有？以其隐衷。人偶万物，而视以己之发肤。发肤有触。夫谁不感觉？是故其痏养则知之，其怖怒哀喜则知之，其微声如蛢如蟋蟀则知之，其积算至不可布筹则知之。泰上之谶，运而往矣。其次生于亡国逸民，将冒白刃，湛九族，以赴难而不可集，内恕孔悲，以期来者。惟爱恶之相攻取，而亦诇谍于千年。故史者为藏往，谶者为知来（凡纬书豫言来事，征验实众，前史所书，不可诬也。然其说经往往讹谬。诚以用在知来，而藏往非其所事尔。近世诸谶，文义鄙倍，多出明末遗贤。其言来事。亦信多验，而往者所不言也）。其次假设其事，已不知来，而后卒有应者（如王莽时，道士西门君惠言刘秀当为天子。此非定知为刘秀也。而光武因谶而命名，则应之；刘歆因谶而命名，则不应。佛书言“释迦去后，弥勒出世”。此亦无与中夏革命之事。而凡谋反者，皆喜自称弥勒。及韩山童以是鼓众，其子林儿卒称号十有二年，事虽不集，香军皆奉其正朔。虽明祖亦俟林儿殁后，始建吴元。亦可谓帝王之符矣。良由谶记既布，人心所归在是，而帝者亦就其名以结人望。故始虽假设，卒应于后也）。何者？金木、毒药、械用、接构，皆生于恶，恶生于爱；眴栗愀悲，亦生于爱。爱而几通于芴漠矣！（《宗教学概论》曰：热情憧憬，动生人最大之欲求。是欲求者，或因意识，或因半意识，而以支配写象，印度人所谓佗拓斯者也。以此，则其写象界中所总计之宗教世界观，适应人人程度，各从其理想所至，以构造世界。内由理想，外依神力，期于实见圆满。若犹太诗篇所载豫言，从全国人心之敬畏，以颂美邪和瓦。每饭弗谖，辄曰“何时得见弥塞亚也”。其在支那，是等宗教观念之豫言，亦甚不少。“周虽旧邦，其命惟新”，亦冀望成就之辞也。然则世界观之本于欲求者，无往而或异。下逮琐末鄙事，宁能遁是？勿论何人，勿执何时，有不亲历其境者乎？亦有不以神力天助之憧憬佐其欲求者乎？是皆反省而可知也。世之实验论者，谓此欲求世界观与设定世界观，梦厌妄想，比于空华。然不悟理想虽空，其实力所掀动者，终至实见其事状，而获遂其欲求，如犹太之弥塞亚，毕竟出世。由此而动人信仰者，固不少矣）爱之精者，口耳勿能谕，假于星历五行以为旌旗。算术之有代数，则然也。好方者滞其名象。欲一切以是推究来者，是以其言凶悍而不娄中。章炳麟曰：京房、张衡、谯周、郭璞之伦，僵尸千祀，不再起矣。黄道周哉，于以求之，于林之下！

原人第十六（訄书十六）

赭石赤铜箸乎山，莙藻浮乎江湖，鱼浮乎薮泽，果然貜狙攀援乎大陵之麓，求明昭苏而渐为生人。人之始，皆一尺之鳞也。化有蚤晚而部族殊，性有文犷而戎夏殊。含生之类，不爪牙而能言者，古者有戎狄，不比于人，而挽近讳之。

余以所闻名家者流，斥天下之中央，则燕之北、越之南是已。然则自大瀛海以内外，为潭洲者五。赤黑之民，冒没轻儳，不与论气类，如欧美者，则越海而皆为中国。其与吾华夏黄白之异，而皆为有德慧术知之氓。是故古者称欧洲曰大秦（大秦即罗马。其曰大秦者，明非本称，乃实中国所号，犹彼土以震旦称我也），明其同于中国，异于荤鬻、貑戎之残忍。彼其地非无戎狄也。处冰海者，则有哀斯基穆人。烬瑞西、普鲁士而有之者，则尝有北狄。俶扰希腊及于雅典者，则尝有黑拉古利夷族，夫孰谓大地神皋之无戎狄？而特不得以是杚白人耳。戎狄之生，欧、美、亚一也。在亚细亚者，旧国亡（亚细亚，巴比伦、亚述之属）。礼义冠带之族，厥西曰震旦，东曰日本，他不著录。冈本监辅曰："朝鲜者，鞑靼之苗裔。"余以营州之域，自虞氏时箸图籍矣，卒成于箕子、卫满；文教之盛，与上国同风，宜不得与鞑靼为一族。意者，三韩、濊貉之种姓，羼处其壤，则犹俄之有鲜卑（西伯利亚，或作锡伯，即鲜卑），奥之有匈牙利钦（即匈奴）？总之，傅于禹籍者近是。其他大幕之南北蒙古尼鲁特之窟，袤延几万里，犬种曰狄，亦自谓出于狼鹿（凡犬种等名，皆野人自号，及此方以相鄙夷者。然其犷悍蚩贱，不异禽雀，故因其可以非人而非人之说。详《序种姓》上篇）。东北绝辽水，至乎挹娄，豸种曰貉，瓯越以东，滇、交趾以南，内及荆楚之深山，蛇种曰蛮、闽。河湟之间，驱牛羊而食，湩酪而饮，旃罽而处者，羊种曰羌（羯亦从羊，然与羌异义。《日知录》三十三曰：羯本地名，“上党武乡县羯室，晋时匈奴别部入居之，后因号胡戎为羯。”是羯为地名，非种类名。与羌之言羊种人者，殊矣）。自回鹘之入，则羌稍陵迟衰微，亦掍殽不得析。是数族者，在亚细亚洲则谓之戎狄。其化皆晚，其性皆犷。虽合九共之辩有口者，而不能予之华夏之名也。惟西南焦侥，从人，长三尺，莫知其谁氏？要之，印度（印度本白种。自吠陀以来，哲学实胜中夏，而丘冈之族，至今尚称蛮民，亦文野半也）、卫藏与西域三十六国，皆犹有顺理之性，则神农、黄帝所不能外。亦其种类相似，与震旦比，犹艾之与蒿，犹橘之与枳，夫西徼以外，自古未尝重得志于中国，而南方三苗之裔，尤犷愚无文理条贯。惟引弓之国，尝盗有冀州，或割其半，而卒有居三鬲六鈛以临禹之域者。其遂为人乎？非也。其肖人形也，若禺与为也。其能人言也，若麟也。其不敢狂惑大倍于人义也，若㚅麟也。㚅麟虽驯，天禄辟邪虽神，不列于人。吾珍之字之，不猕杀之而止。其种类不足民，其酋豪不足君。呜呼！民兽之不秩叙也，千有五百岁矣。凡大逆无道者，莫劇篡窃。篡窃三世以后，民皆其民，壤皆其壤，苟无大害于其黔首，则从雅俗而后辟之，亦可矣。异种者，虽传铜瑁至于万亿世，而不得抚有其民。

何者？位虫兽于屏扆之前，居虽崇，令虽行，其君之实安在？虎而冠之，猿狙而衣之，虽设醮醴，非士冠礼也。夫龙举于华甬之下，乘云瑕，负凌兢，霰雨注天下，号令非不施也，吾不事之以雨师之神。民兽之辨，亦居可见矣（按：《海内南经》云：枭阳国，“在北朐之西。其为人，人面长唇，黑身有毛，反踵，见人笑亦笑”。寻枭阳即狒狒，乃亦称人称国。盖人兽之界限程度，本无一定，予之过滥，则枭阳尚以人言，况戎狄邪？若专以文理条贯格之，则戎狄特稍进于枭阳狒狒，未云人也）。不以形，不以言，不以地，不以位，不以号令，种性非文，九趡不曰人（惟行进乃自变耳。《旧唐书·突厥传》：颉利部落来降，温彦博请置于塞下，曰：“古先哲王，有教无类。突厥以命归我，教以礼法，尽为农民。”是说以类为种类，谓奉教则种类自化。然虽进于戎狄，而部族与中国固殊云）。种性文，虽以罪辜磔，亦人。若夫华夏而臣胡虏之酋者，宁自处于牧圉，操棰而从之，则谓之臣矣。虽然，德之不建也，民之无援也，以大人岂弟，其忍使七十二王之萌庶，戕虐于诸戎，而不拚其死？不人兮其生也？故假手于臣异类，以全泰氏之民。既臣矣，仁故不代王，义故七十而致政，臣道也，不持以例民。民力耕冥息，珍食美衣，老幼以相字，夫妇以相欢，朋友以相掖，其名与实，未尝听命于戎人。强与之以听命之名，则犹曰“听命于龙”。其何不辨？辨之而不遰，弹之而不设隐括。惟政令之一出一入，曰以是分戎夏。呜呼！民兽之不秩叙也久矣。辨之而不遰，弹之而不设隐括。曰：彼抚有九域，自吾祖祢至今，世以食毛践土（据流俗语）。是则未谛于北山之雅人、楚之芋尹之言也。彼周世也，井田未废，则天子经略，诸侯正封，九畡之土，莫不曰王田，而置农官以督之，则民犹赁而耕者也。其言若是，岂不中哉！自秦汉以后，井田废，约剂在民间（后魏至唐，虽有均田，然无公私之别，又世业在口分外。此终与井田异旨也）。民归德于君，文饰其辞，则亦曰食毛践土，此非事实也。譬则以重华之圣颂其君，铜印以上皆习之为恒言，而心知其夸诬也，亦明矣。当秦汉以后，中国之君而犹若是，况异类乎？彼弃其戈壁，而盗居吾膏腴，则践我土也。彼舍其麋鹿雉兔，而盗食吾菽粟，则食我毛也。彼方践我土食我毛，而曰我践彼土食彼毛，其言之不应其肺肠欤？不然，何其戾也！

希腊之臣服土耳其也，数百岁矣。一昔溃去，而四邻辅之以自立，莫敢加之叛乱之名者，无他，种族殊也。意大利初并于日耳曼，逾年百五十，而米兰与伦巴多人始立民主。斯其为殊类也，间不容翾忽耳，然犹不欲以畀他人。繇是观之，兴复旧物，虽耕夫红女，将有任焉。异国之不忍，安忍异种？异教之不耦俱，奚耦俱无教之狼鹿？君子观于明氏之史，如刘基者，其于为震旦尽矣！难者曰：淳维之祖，犹吴之祖；今兽匈奴而民泰伯，悖。曰：匈奴之犬种，先淳维生矣。己夏王之胤，娶胡牝以为妇，而传胄焉。其胄非人也，岂直淳维？鄚瞒在三季矣，苟效吴泰伯，虽被发文身，以奔扬州之域，地故无异种，孰不曰人？若种类非也，蒲石之人帝，蒙古之全制，其犹是封豕巨鱼也（凡虏姓，今虽进化，然犹当辨其部族，无令纷糅）。且夫《春秋》以吴越从狄者，谓其左衽同浴，不自别于异类，故因是以贬损之，不谓其素非人。若赵盾、许止之弑，被之空言而不敢辞，非曰其以刃剚也。今蛮闽广东、福建之域，宅五帝之子姓矣。其民有世系，其风俗同九州，其与沙漠之异族，舞干戚而盗帝位者，其可同乎？故曰五者不足言，而种性重也。难者曰：必绌亚洲之戎狄，而褒进欧美；使欧美之人，入而握吾之玺，则震旦将降心厌志以事之乎？曰：是何言也！其贵同，其部族不同。观于《黄书》，知吾民之皆出于轩辕。余以姜姓之氏族上及烈山，与任宿之风自苍牙，则谓之皆出于葛天，可也（说详《序种姓》上篇）。海隅苍生，皆葛天之胄。广轮万里，皆葛天之宅。以葛天之宅，而使他人制之，是则祭寝庙者亡其大宗，而以异姓为主后也。安论其戎狄与贵种哉？其拒之一矣。余秩乎民兽，辨乎部族，故以《云门》之乐听之（《大司乐》注："黄帝曰《云门》《大卷》。"黄帝能成名万物，以明民共财，言其德如云之所出，民得以有族类），一切以种类为断。是以综核人之形名，则是非昭乎天地。

序种姓上第十七（訄书十七）

凡地球以上，人种五，其色黄、白、黑、赤、流黄。画地州处，风教语言勿能相通。其小别六十有三（西人巴尔科所分）。然自大古生民，近者二十万岁（近世人类学者以石层、槁骨推定生民之始，最近当距今二十万年，其远者距今五十万年。如《旧约》所述，不逾万年，其义非是），亟有杂糅，则民种羯羠不均。古者民知渔猎，其次畜牧，逐水草而无封畛；重以部族战争，更相俘虏，羼处互效，各失其本。燥湿沧热之异而理色变，牝牡接构之异而颅骨变，社会阶级之异而风教变，号令契约之异而语言变。故今世种同者，古或异；种异者，古或同。要以有史为限断，则谓之历史民族，非其本始然也。

言人种学者，一曰：太初有黄、黑二民，或云白、黑；又曰：生民始黄。人各异议，亡定说。方夏之族，自科派利考见石刻，订其出于加尔特亚；东逾葱岭，与九黎、三苗战，始自大皞；至禹然后得其志。征之六艺传记，盖近密合矣。其后人文盛，自为一族，与加尔特亚渐别。其比邻诸部落，有礼俗章服食味异者，文谓之夷，野谓之狄、貉、羌、蛮、闽，拟以虫兽，明其所出非人。自贵其种而鸟兽殊族者，烝人之性所同也。然自皇世，民未知父，独有母系丛部。数姓集合，自本所出，率动植而为女神者，相与葆祠之，其名曰托德模（见葛通古斯《社会学》）。遭侮䤈嘲，有以也。何者？野人天性阔诞，其语言又简寡，凡虚墓间穴宅动物，则眩以死者所化。故埃及人信蝙蝠，亚拉伯人信海麻。海麻者，枭一种也。皆因其翔舞墓地，以为祖父神灵所托。其有称号名谥，各从其性行者，若加伦民族，常举鹭、虎、狼、羚自名；达科他妇人，或名白貂，或名鼱鼩足，或名鼬鼠，箸其白皙轻趫；马廓落民族，以师子祝其王，亚细亚、埃及诸国，以金牛祝其王。仍世而后，以语简弗能达意旨，忘其表象，鸟兽其祖，则自是举以为族名矣。故排鸠亚尼民族，有巴加多拉者，猿族民也；有排鸠衣尼者，鳄族民也；有巴多拉西者，鱼族民也。因忒安种，有虎族、师子族、马爵族、鸠亚尼廊（兽名）族。其属科伦克多民族，崇信狼及白项乌，其传为造种者。是故狼为大族，其下小别，则有熊族、鹫族、海豚族、亚尔加（海鸟名）族。白项乌为大族，其下小别，则有鹅族、虾蟆族、蛙族、枭族、海师子族。狼、白项乌为全部神祖，其小别诸近祖次之。植物亦然。加伦民族，常以絮名其妇人；亚拉画科民族，常以淡巴菰名，久亦为祖。剖衰柏落人，有淡巴菰、芦苇二族，谓其自二卉生也。其近而邻中夏者，蒙古、满州推本其祖，一自以为狼、鹿，一自以为朱果，藉其宠神久矣。中国虽文明，古者母系未废，契之子姓自玄鳦名，禹之似姓自薏苡名，知其母吞食而不为祖，亦犹草昧之绪风也。夏后兴，母系始绝，往往以官、字、谥、邑为氏，而因生赐姓者寡。自是女子称姓，男子称氏，氏复远迹其姓以别婚姻。故有《帝系》《世本》，掌之史官，所以辨章氏族，旁罗爵里，且使椎髻鸟言之族，无敢干纪，以乱大从。及汉魏世守其牒，则时以门资勋伐援傅。要其大体，未尝凌杂也。拓跋氏始变戎姓，以从汉氏。唐世诸归化人，或锡之皇族，以为殊宠。明太祖兴，令北虏割裂姓氏，与汉合符，则统系樊然棼乱矣。懿！亦建国大陆之上，广员万里，黔首浩穰，其始故不一族。大皞以降，力政经营，并包殊族，使种姓和齐，以遵率王道者，数矣。文字政教既一，其始异者，其终且醇化。是故淳维、姜戎，出夏后、四岳也，窜而为异，即亦因而异之。冉駹朝蜀，瓯越朝会稽，驯而为同，同则亦同也。然则自有书契，以《世本》《尧曲》为断，庶方驳姓，悉为一宗，所谓历史民族然矣。自尔有归化者，因其类例，并包兼容。魏、周、金、元之民，扶服厥角，以奔明氏，明氏视以携养蘖子，宜不于中夏有点。若其乘时僭盗，比于归化，类例固殊焉，有典常不赦。善夫，王夫之曰："圣人先号万姓，而示以独贵。保其所贵，匡其终乱，施于孙子，须于后圣：可禅、可继、可革，而不可使异类间之。"不其然乎！方今欧美诸国，或主国民，或主族民。国民者凑政府，族民者凑种姓。其言族民，亦多本历史起自挽近者。中国故重家族，常自尊贤。自《世本》以后，晋有贾弼《姓氏簿状》，梁有王僧孺《百家谱》，在唐《元和姓纂》，宋而《姓氏书辨证》，皆整具有期验。唯《广韵》犹箸录汉虏诸姓，其重种族如是。元泰定刻《广韵》，始一切刊去之，亦足以见九能之士，不贵其种而甘为降虏者，众也。顾炎武遭东胡乱华，独发愤，欲综理前典，为《姓氏书》，未就。其目曰：姓本第一，封国第二，氏别第三，秦汉以来姓氏合并第四，代北姓第五，辽金元姓第六，杂改姓第七，无征第八。其条贯度齐至明。呜呼！正大夫君子、邦人诸友之知方而治国闻者，户言师顾君，顾弗师其综理姓氏。余于顾君，未能执鞭也，亦欲因其凡目，第次种别。体大，宜专为一书。今以粗犅，就建姓本氏及蕃族乱氏者，为《序种姓篇》，以俟后王之五史。

宗国加尔特亚者，盖古所谓葛天（《吕氏春秋·古乐篇》：“昔葛天氏之乐，三人操牛尾，投足以歌八阕。”《古今人表》，大皞氏后十九代，其一曰葛天氏。《御览》七十八引《遁甲开山图》，女娲氏没后有十五代，皆袭庖牺之号，其一曰葛天氏。案自大皞以下诸氏，皆加尔特亚君长东来者，而一代独其得名，上古称号不齐之故。其实葛天为国名，历代所公。加尔特亚者，尔、亚皆余音，中国语简去之，遂曰加特，亦曰葛天），地直小亚细亚南。其人种初为叶开特亚，后与西米特科种合，生加尔特亚人。其《旧纪》曰：先鸿水有十王，凡四十三万二千年；鸿水后八十六王，凡三万三千九十一年；其次有米特亚僭主，八王，二百二十四年；其次十一王；其次为加尔特亚朝，四十九王，四百五十八年；其次为亚拉伯朝，九王，二百四十五年；其次四十五王，五百二十六年（其书为巴比伦人披落沙所纪。披落沙，共和纪元五百八十年人）。然始统一加尔特亚者，为萨尔宫一世，当共和纪元以前二千九百六十年（共和纪元与欧洲耶苏纪元相差八百四十一算）。其后至亚拉伯朝，以巴比伦为京师，当共和纪元前七百四年。其后二百五十年，为小亚细亚灭之。萨尔宫者，神农也（或称萨尔宫为神农，古对音正合），促其音曰石耳（《御览》七十八引《春秋命历序》曰：有神人名石耳，号皇神农）。先萨尔宫有福巴夫者，伏戏也；后萨尔宫有尼科黄特者，黄帝也。其教授文字称苍格者，苍颉也。其他部落，或王于循米尔，故曰循蜚；或王于因梯尔基，故曰因提；或王于丹通，故曰禅通。东来也，横度昆仑。昆仑者。译言华（俗字花）土也，故建国曰华。昆仑直拍米尔高原。拍米尔者，波斯语，译言屋极也。故曰：“天皇被迹于柱州之昆仑（《遁甲开山图》语。极与柱，皆状其山之高）。”其旁行者自卫藏。卫藏昔言图伯特，故曰：“人皇，出刑马山提地之国。”（《遁甲开山图》语。提地与图伯特一音之转。《华阳国志》谓巴、蜀本人皇苗裔，是人皇由卫藏入蜀也。二事皆元和汪荣宝说，义证确凿。特未知天皇、人皇，其时代于大皞前后何如？纬书或以伏戏、女娲、神农为三皇，如《保乾图》言：天皇“斟元陈枢以立易威”，则天皇即大皞。如《命历序》，人皇九头纪以后有五龙纪，始渐及伏戏。则天皇非其人矣。古事芒昧，难尽明也）君长四州，故有四岳。长民十二，故有十二牧。民曰黑头，故称黔首。文字如楔，故作八卦。陶土为文，故植碑表。尊祀木星，故占得岁。异名纪月（如《释天》“正月为陬”以下十二名，巴比伦亦有之）。故贞孟陬。故曰，中国种姓之出加尔特亚者，此其征也。

上古亚衣伦图，有亚柏勒罕法典。其言部酋之富，亡于土地，视牛羊繁殖耳。凡他部罪人，因事脱窜，或以同部争战，人人离散，将入竟，牝牛贵人登高陵而集合之，编其牧竖为一队，介以征伐，略夺他部畜产。被略夺者又贷之牝牛贵人，贵人则定其赁藉贡纳。希腊初世及加尔特亚、罗马、沙逊、佛朗哥、斯拉夫人，皆然。加尔特亚鸿水前第一皇，以牝牛兽带为统治符号，斯其所谓牝牛贵人者哉！上世畜牧善豢者强。《易》曰：“离，丽也。”“重明以丽乎正，及化成天下。”其卦言：“畜牝牛，吉。”此谓牝牛贵人集合逋逃以编军队者（《周易》错综前史而书其成事，若帝乙归妹、高宗伐鬼方等语，皆非臆造。牝牛事特稍隐耳）。唐、虞州伯称牧，牧亦视牛。及夫赁藉贡纳，悉自贵人定之，则井田食邑自此始矣。

文明之民，战胜之国，大抵起自海滨，为其交通易也。独中夏王迹，基陇坻、华山间，非自殊方东度亡繇。《五帝本纪》曰：“嫘祖为黄帝正妃，生二子，其后皆有天下。一曰玄嚣，是为青阳，青阳降居江水；次曰昌意，降居若水（《索隐》曰：江水、若水皆在蜀。

《水经》曰：水出旄牛徼外，东南至故关，为若水）。昌意娶蜀山氏女曰昌仆，生高阳。”高阳是为帝颛顼。帝喾高辛者，“父曰极，极父曰玄嚣。”若然，黄帝葬于桥山，地在秦、陇，而顼、喾皆自蜀土入帝中国。其后喾子放勋，以唐侯升帝位，稍东。及舜之生，《世本》言在西城，所谓妫虚（或作西域，大误）。西城于汉隶汉中。而《公孙尼子》曰：“舜牧羊于潢阳。”（《御览》八百三十三引）潢阳者，汉阳之讹（汉阳，凡汉水之阳皆得称之。此所指自在汉中，非《左氏传》“汉阳诸姬”及今汉阳地也）。《六国表》曰：“禹兴西羌，汤起于亳（《集解》徐广曰：京兆杜县有亳亭），周以丰、镐伐殷。”《蜀王本纪》言：“禹，汶山郡广柔县人，生于石纽。”然则舜、禹皆兴蜀、汉，与顼、喾同地，即上世封略，舒于西方，蹙于东南，审矣。《传》称大皞都陈，神农、少皞都曲阜，颛顼都卫，舜、虞邑实河东地，禹父曰崇伯鲧，后为夏室，在阳城中岳下。是五都皆偏东，亦其征伐所至，是留戍之，而帝者因以为宅。若周作雒邑以为天下大凑，非其本都。察其本都，奥区阻深，以丽王公，西方之人欤？

自黄帝入中国，与土著君长蚩尤，战于阪泉，夷其宗。少皞氏衰，九黎乱德，颛顼定之。当尧时，三苗不庭，遏绝其世，窜之三危。其遗种尚在，“三苗之国，左洞庭，右彭蠡”，不修德义，“外内相间，下挠其民，民无所附，夏禹伐之，三苗以亡。”自是俚、繇诸族，分保荆、粤至今。自禹灭三苗，而齐州为宁宅，民无返志，与加尔特亚浸远。察彼土石刻：契者，亚细亚人，卒居商邑，未闻其归也。至周穆王，始从河宗柏夭，礼致河典，以极西土。其《传》言西膜者，西米特科，旧曰西膜，亚细亚及前后巴比伦（前巴比伦即加尔特亚）皆其种人。膜稷者，西膜之谷也；膜拜者，西膜之容也；膜昼者，西膜之酋也。其训沙漠及南膜拜，皆非是。又言“至于苦山，西膜之所谓茂苑”，此以箸东西同言。“至于黑水、西膜之所谓鸿鹭。”鸿鹭者，神坛也。加尔特亚人所奉最上神，命曰衣路；其名与希伯来人所奉哀路西摩，亚拉伯人所奉亚拉，声皆展转相似，则鸿鹭其近之矣。又西膜种事亚普路神，又曰上天之子姓；转入希腊，变音曰亚泡路，而为光明洁清之神，声类皆似鸿鹭。大抵其神坛在黑水云。当穆王时，盖先共和纪元二百余岁，即加尔特亚既灭于亚细亚矣。然犹览其风土，省其士女。庄周曰：“旧国旧都，望之畅然。虽丘陵草木之缗，入之者十九，犹之畅然。况见见闻闻者也。”其后《邶风》思西方美人，而《小雅》言：“彼都人士，台笠缁撮”；“彼君子女，卷发如虿。”台笠野服，不可施于都人。缁布冠者，始冠，冠而敝之，后不竟箸？（《正义》亦设此疑，而云：“士以上冠而敝之，庶人则虽得服委貌”，“而俭者服缁布。”按：《诗》明言“彼都人士”，何得以为庶人）。且妇人敛发无鬈，即孰睹其卷者（《正义》谓：“长者尽皆敛之，不使有余；而短者若鬓，旁不可敛，则因曲以为饰。”尤迂）明其非周宗法服，而念在西膜旧民也。

《穆传》又曰：“天子宾于西王母，乃执白圭玄璧以见。”（按：《释地》以西王母为四荒。西母与西膜同音；王，闲音也。）西膜民族，始见犹太《旧约》，本诺亚子名，其后以称种族，迻名其地。穆王见其部人之大酋。大酋者，复以地被号。若《书》有将蒲姑，齐恒之斩孤竹，皆以国名名其君也。古者人君执神权，常自谓摄天帝。是故《西山经》言西王母如人，豹尾虎齿而善啸，蓬头戴胜；宜即加尔特亚所奉尼加尔神，其形半如人半如虎者，非大酋形体然，其所摄之神则然也。《汉·地理志》言“临羌西北塞外，有西王母石室”，及“弱水昆仑山祠。”此其寝庙适在，而地绝远矣。

《穆传》又曰："至于群玉之山，容成氏之所守"，"先王之所谓册府。"此亦信矣。自萨尔官一世，已建置书藏。其书皆陶瓦为之，而雕刻楔文于方面，其厚三寸，其长三寸或至三尺六寸。宝书复朽陶土于外，更刻其文。故历五千余祀以至今日，外虽毁剥，内书尚完具可读。中国初为书契亦然。观《说文》训"专"为"纺专"，又训曰"六寸簿"，足明古者以纺专任书。其后有簿、忽（今字作笏。笏也，簿也，手版也，三者异名同实），书思对命，亦以"专"名。最后称诸册籍曰簿，其义相引申矣。夫上世无竹、帛、赫蹄，独取陶瓦任文籍之用。其山产玉，则亦因而采之，足以摄代，故群玉为册府，宜也。萨尔宫之在中国，斫木为耜，揉木为耒，不举文学，而亦无教令，独为书藏于其故国。后王怀之，知其自来，称之曰先王。穆王既西狩，因纪铭迹于县圃之上，弇山之石。亦以西膜民族，本以瓦石为书，则而效之，所以崇法先民，则刻石纪功自此始。

章炳麟曰：尚考方夏种族所出，得其符验，而姓氏次之。古者"天子建德，因生以赐姓，胙之土而命之氏。诸侯以字为谥，因以为族。官有世功，则有官族。邑亦如之。"其后亦或以官赐姓，故曰彻官：有百，"物赐之姓，以监其官，是为百姓。姓有彻品，十于王谓之千品。五物之官，陪属万，为万官。官有十丑，为亿丑。"自品以下，皆称曰氏，而得氏者亦多术："五帝三王之世，所谓号也。文、武、昭、景、成、宣、戴、桓，所谓谥也。齐、鲁、吴、楚、秦、晋、燕、赵，所谓国也。王氏、侯氏、王孙、公孙，所谓爵也。司马、司徒、中行、下军，所谓官也。伯有、孟孙、子服、叔子，所谓字也。""巫、祝、匠、陶、段、梓、仓、庾，所谓事也。""东门、西门、南宫、东郭、北郭，所谓居也。三乌、五鹿、青牛、白马，所谓志也。"然上世自母系废绝，诸姓会最而为父系同盟，则邦邑、种族、姓氏三者，时瞀乱弗能理。何者？大上，民各保其邑落，百里之国，而种族以是为称。其后稍有蹊隧，乃更以王者之都为号。故舜称其民曰庶虞（《大戴礼记·四代篇》“于时鸡三号以兴庶虞，庶虞动，蜚征作”；《千乘篇》“祈王年，祷民命，及畜谷、蜚征，庶虞草”。是也），禹称其民曰诸夏（《说文》：“夏，中国之人也。”）周称殷民曰庶殷（《书·召诰》：“厥既命殷庶，庶殷丕作。”）皆以京师迻言民种。近世四裔或称吾民曰汉，亦或曰唐，则邑居种族，其弗辨哉。姜，姓也，逋子为氏、羌（《后汉书》曰：“西羌之本，盖姜姓之别。”）马，氏也，援之溃卒为马留（隋唐时称马留，今曰马来由），其种族又因姓氏起云。自《帝系》《世本》，推迹民族，其姓氏并出五帝。五帝之臣庶，非斩无苗裔尔。《晋语》曰：“黄帝以姬水成，炎帝以姜水成。”《河图》亦言庆都生尧于伊祁（《御览》一百三十五引）。然则豪右贵种，因其邦贯为姓；细民无姓，而亦从其长者。黄帝十四子，分长一部，则因之姓其国地，与民盟誓，合符同徽，不得异志。亦犹北虏乌桓，氏姓无常，以大人健者名字为姓（《后汉书·乌桓传》）。援之遗卒，隋末孳衍至三百户，而皆从其故帅，同氏曰马矣。当是时，史籍较略，民无谱谍，仍世相习，则人人自谓出于帝子，稷、契之托高辛是也。又上世习于战斗钞暴，而拥众多者常胜，其遇外族亡命，常尉荐拊循之，以为己子。希腊古史有言，受诺神以赫乔里神为养子，而罗马尼尔巴帝之世，其俗日浸。惟中国亦然，《离》言牝牛则详矣。又曰：突如其来如、焚如、死如、弃如。说曰：突者，𠫓也，倒子为𠫓，“不孝子突出不容于内也。”然则异族亡命，倍其家长，而畜逋逃者，方昫妪之，其后亦共为一姓。所谓技工兄弟者矣（社会学以技工兄弟别于天属兄弟）。近在明世，荐绅之家，苍头百人。是时承平亡战，特以饥寒质鬻，然犹舍其氏族以从主人。况于五帝，部落至强，攻伐所至则摧破，以术招携，而他族革而从之也则宜。及夫分气受形，正体于上，以守宗祊者虽多，亦十而一已。若纬书《苗兴》之说，恒以帝者受命，功在远祖，虽起自草茅，必其前世尝为贵种，陵夷而在皂隶者。以实推之，不亦远乎！（谱系至周世始确凿可信，夏、商犹惧未谛。前此多乱，纬书尤甚）上世同部男女旁午交会，无夫妇名。战胜略他族，女始专属，得正其位号。故败则丁壮旄倪悉戮，独处女被矜全，使侍房闼。蒋济《万机论》曰："黄帝不好战，四帝各以方色称号，边城日警，介胄不释。黄帝叹曰：'主失于国，其臣再嫁，厥病之由，非养寇邪！'遂即营垒，以灭四帝。令黄帝不虎变，与俗同道，则其民臣亦嫁于四帝矣。"（《御览》七十九引。案蒋济魏人，其言必有所据）繇是言之，师失其律，则弱女远嫁，彰也。其次不以累囚衅器，使服力役，于是有厮养隶圉。则胜者常在督制系统，而败者常在供给系统。一部悉主，一部悉伏地为僮仆。转相掍殽，同处一域，犹不能废阶级。印度《摩尼法典》，制国人为四阶，累世异礼。中国亦云："天有十日，人有十等。""王臣公，公臣大夫，大夫臣士，士臣皂，皂臣舆，舆臣隶，隶臣僚，僚臣仆，仆臣台；马有圉，牛有牧，以共百事。"隶僚以下，其始皆俘虏，而后渐以惩谪罪人。一人一族，升降不恒，则阶级自是废也。然其贾贩齐民，犹以财力相君，江左区区，旅寓菰苇，"一婢之身，重婢以使；一竖之家，列竖以役；瓦金皮绣、浆酒藿肉者，故不可胜纪，至有列軿以游敖，饰兵以驱叱。"（《宋书·周朗传》朗上书语）痛夫！十等之法，隶以下迭相君臣，其名则丧，实故在也。夫妃匹亚旅，始皆略自他族，而与玉石重器金布畜产同俘，故一切资产视之。后世传其遗法："帑者，金币所藏也"（《说文》），则称妇子曰帑；臧（藏本字）者，文书器物之府也（《周礼》宰夫注），而婢仆以臧获称。《书序》有俘宝玉，《春秋传》言内实四玨，明其所克获抚有，则人与资产不殊也。其次，怯儒者亡所略取，而歆专，有故匃合部人，相为盟誓，使凡略于他部之妇，其息女皆从母姓，则无嫌于内娶。自是一部得并包数姓，而多县属母系。及父系既盛，谣俗未变，犹丈夫称氏，女子称姓，然其名实愆矣。父系之始造，丈夫各私其子，其娼妒甚。故羌、胡杀首子，所以荡肠正世（汉王章对成帝语）。而越东有輆之国，其长子生，则解而食之，谓之宜弟（《墨子·节葬下篇》）。何者？妇初来也，疑挟他姓遗腹以至，故生子则弃长而畜稚，其传世受胙亦在少子。至今蒙古犹然，名少子则增言斡赤斤。斡赤斤，译言“灶”也，谓其世守父灶，若言不丧匕鬯矣。中国自三后代起，宗法立长，独荆楚居南方，其风教与冀、沇、徐、豫间殊，时杂百濮诸民种，其俗立少。故《传》曰：“楚国之举，恒在少者。”（《左氏》文元年传文。户水宽人《春秋时代楚国相续法》曰：案楚熊渠卒，子熊挚红立。挚红卒，其弟代立，曰熊延。又熊严有子四人，长子伯霜，次子仲雪，次子叔堪，少子季徇。熊严卒，长子伯霜代立。伯霜卒，三弟争立。是亦未尝立少，盖楚国民间之法也）其成法然也。宗法虽萌芽夏、商间，逮周始定，以适长承祀。凡宗，别子为祖，继别者为大宗，继高曾祖祢者为小宗。大宗百世不迁。小宗四，亲尽，缌服竭，而移矣。婚姻则别以姓，宗法则别以氏。置司商以协名姓，而小史掌奠系世，辨昭穆，瞽矇鼓琴瑟以讽诵之，故能昭明百姓，无失旧贯。遭战国兵乱，官失其守，人知氏而忘系姓，赖有《世本》公子谱等，识其始卒。然弗能人人籀读，故自周季至今，宗法颠坠。豪宗有族长，皆推其长老有德者，不以宗子。婚姻亦以氏别，虽崔、郭、唐、杜，灼然知出于一姓，犹相与为匹耦。礼极而迁，固所以为后王之道也。凡姓世世不易，然其缘因母族，不废父系者，或一人二姓。故舜姓兼姚、妫。越为禹后则姓姒，为楚族则姓芈。锡土因生而各统其德者，父子则亦殊姓。咎繇偃姓，其子伯益而嬴；唐尧祁姓，其子丹朱而狸矣。及夫异系同姓，惟部落杂厕，更迭雄长，以为故然。则黄帝十四子，其一釐姓（釐亦作僖），其一依姓（《晋语》）。禹生均国，其后为毛民，亦以依姓（《山海经》）。长狄氏亦以釐姓。颛顼生驩头，驩头生苗民，犹釐姓也（《山海经》。凡《山海经》姓氏世系之说，多有淆乱，姑依用之）。凡氏数传则易。有支庶别氏于太宗，孟孙之有子服，季孙之有公鉏，荀氏之有中行也。有亡逃惧祸而更氏，夫概王奔楚为堂谿氏，伍员属子于齐为王孙氏，智果别族于太史为辅氏也。有兼官、邑字而为数氏，士又曰随、范，荀又曰智，郤又曰冀也。夫氏于国、邑者，封君以为恒义，及汉未绝，故赵兼因国以氏周阳（《汉书·酷吏周阳由传》），而折像者，其先折侯张江（《后汉书·方术折像传》）。然氏王父字者竟亡。其以事志，则久更踳驳丧实。晋之羊舌大夫者，或传说李果事，夸矣。中行穆子，尝一相投壶，因以事氏（《风俗通义》。案相投壶事在《左氏》昭十二年）。而投氏亦言本之郇伯，以投策称，此其割裂而成讹者（《广韵》十九侯：汉有光禄投调，本自郇伯，为周畿内侯；桓王伐郑，投先驱以策，其后氏焉。寻郇伯投策，史传无征。而中行本分于荀氏，则知投壶氏变为投氏，其人尚自知荀氏苗裔，然已忘得氏所由，遂造投策之说。凡姓氏书多展转传讹，而变复为单之氏，尤易傅会。所谓割裂成讹也）。姓氏之大别，炳炳如此。其失，男子犹或称姓。当周时，楚有彭、仲、爽、於、郑、姚、句、耳也，而汉有东、平、嬴、公；姜姓箸者尤众，宜慕本返始者所为。观晋士氏出于刘累，绝迹千年，不称其族，及士会蘖子在秦，则复故为刘氏。氏有返始，其或返而称姓，宜矣。亦有姓氏同言，弗能审别。若僖姓、任姓出黄帝，祁姓出尧，曹姓出祝融。其在周世，曹有僖负羁，晋有祁奚（《潜夫论·志氏姓》云，晋之公族郤氏班有祁氏，是也。其于黄帝子祁姓下亦引晋祁奚，则非也），皆以其谥号封邑氏。风姓之任，周之曹叔末裔，并氏其国，与彼四姓者绝异。故彭、姚、嬴、姜，或其氏族适与古姓同言，不诡自更也。独汉子南君嘉、褒鲁侯公子宽，用奉二王先圣祠祀，返姓曰姬（《汉书·恩泽侯表》），是乃为慕本耳。氏同者，公孙、桓、穆之伦，国有而非一姓。及夫夏出陈之少西，齐出卫之齐恶，秦出鲁之堇父，非伯禹、尚父、非子之裔。以故国为氏者，其不可同，亦犹负羁与僖姓之别也。夫王基产东莱，与太原王沈为婚。孔思晦祖尼父，而与孔末之后别族（见《元史·孔思晦传》）。虽在叔季，犹知其文字适同，其系世则不一祖。古之人乎，宜睹于是察矣。

章炳麟曰：余以姓氏分际，贞之《世本》，旁摭六艺故言，而志姓谱。盖《尧典》言“百姓”，今可箸录者五十有二：大皞风姓。炎帝姜姓。黄帝姬姓，其子青阳、苍林因之。其一亦称青阳，是为少皞，与夷鼓同为己姓。馀子为酉姓，祁姓，滕姓（《晋语》作縢，《潜夫论》作胜），葴姓，任姓，荀姓（《晋语》误为荀，从《广韵》正；《潜夫论》作拘），僖姓（《潜夫论》作釐），姞姓，儇姓，依姓。而尧亦为祁姓。高辛之子弃，亦为姬姓。高辛为房姓（《古史考》，见《御览》七十八引），子契为子姓。尧子丹朱为狸姓。虞舜为姚姓，亦曰妫姓。夏后禹为姒姓（《诗》亦为弋）。颛顼孙吴回，为火正，亦曰回禄，有子陆终，生长子樊，为巳姓，其后董父，别为董姓；三子篯，为彭姓，后复别为秃姓；四子求言，为妘姓；五子安，为曹姓，后复别为斟姓；六子季连，为芈姓。咎繇，颛顼裔子也，为偃姓，子化益为嬴姓。此三十姓，皆有谱谍系世，出于帝王。夏时有仍曰缗姓（《左》哀元年传：“后缗方娠。”女子举姓。故贾侍中曰：“缗有仍之姓也。”）周以前霍国曰真姓（《史记·三代世表》索隐引《世本》）。殷遗民在晋者曰怀姓（《左》定四年传）。樊氏、尹氏曰庆姓（《潜夫论·志氏姓》）。春秋时四国：胡曰归姓，邓曰曼姓，狄曰隗姓，阴戎曰允姓。此八姓者，不知所自出。而《山海经》复有句姓（似即苟姓，疑不能明也），於姓，阿姓，肦姓，桑姓，几姓，鼬姓，威姓，销姓，烈姓，气姓，或系神圣而分在夷狄之域。《说文》有玻姓，嫐姓，娸姓（《说文》又云：“姺，殷诸侯为乱，疑姓也。”《春秋传》曰：“商有姺、邳。”洪亮吉曰：“姺、侁、㜋、莘，并同音，盖即有莘国也。”则《说文》言疑姓者，不为定据。又曰：“侔，人姓。”段氏据《广韵》，知出何承天《纂文》。又曰：“罜，姓也。”亦属妄增。是等皆后世掍氏为姓者，故皆不录），皆史官所不载者。《山海经》虽夸，其道神巫，有巫咸，巫即，巫肦，巫彭，巫姑，巫真（《水经·涑水注》作贞），巫礼（亦作履），巫抵，巫谢，巫罗（《大荒西经》），巫阳，巫相，巫凡（《海内西经》）。咸、彭、肦、真（咸即葴），姓也。其他九巫，宜皆以姓箸者。疑事之不可质，尚已。

其国：

风姓，任、宿、须句、颛臾、巴、流黄辛氏、流黄酆氏（见《海内经》《海内西经》。巴、酆与姬姓之巴、酆异国。周之辛甲，盖出大皞。酆舒则不知何别也。凡《山海经》不尽可信，节取其雅驯者如此）。

姜姓，有逢、齐、纪、焦、申、吕、许、向、州、莱、姜戎。

姬姓，黄帝子，绝。

己姓，沈、姒、蓐、黄、郯。

酉姓，白狄（《潜夫论·志氏姓》作婚。婚即酉）。

祁姓，黄帝子，绝。

滕姓，绝。

葴姓，滑、齐（《潜夫论·志氏姓》。非周时滑、齐）。

任姓，谢、章、薛、舒、吕（与群舒、姜姓之吕异国）、祝、终、泉、毕、过、挚、畴。

荀姓，栖、疏（据《潜夫论》有之。然其为国为氏未谛，姑据为异国）。

僖姓，长狄（作漆者，由来误“桼”也）。

姞姓，南燕、密须、偪。

儇姓，依姓，绝。

尧之祁姓，唐、杜、铸。

弃之姬姓，周也。分为管、蔡、郕、霍、鲁、卫、毛、聃、郜、雍、曹、滕、毕、原、酆、郇、邘、晋、应、韩、凡、蒋、邢、茅、胙、祭、吴、虞、虢、东虢、郑、丹（《郑语》桓公取十邑中有丹国。《吕览·直谏》：荆文王得丹之姬。故《潜夫论·五德志》姬姓有丹）、燕、隗、杨、芮、彤、贾、耿、魏、滑、密、沈、唐、随、息、巴、方、养（《潜夫论·五德志》有）、刘、单、召、荣、甘、鲜虞、骊戎、大戎。

房姓，绝。

子姓，殷也。分为来、宋、空桐、稚、髦（一曰北殷）、时、萧、黎、小戎。

狸姓，房，傅氏不知其国也。

姚姓、妫姓，虞、遂、陈、庐。

姒姓，夏也。分为有扈、有南、斟灌、斟寻、彤城、费、杞、鄫、褒、莘、冥、越、匈奴。

已姓，昆吾、苏、顾、温、董、莒。

董姓，鬷夷、豢龙。

彭姓，大彭、豕韦。

秃姓，舟人。

妘姓，鄅、邬、桧、路、偪阳、鄢。

曹姓，邹、莒（《郑语》明言莒为曹姓，韦解又言莒为已姓，大史公又以莒为嬴姓，是三姓也）、邾。

斟姓，绝。

芈姓，楚、夔、罗、越。

偃姓，六、蓼、舒庸、舒鸠、桐、许、英氏。

嬴姓，秦、徐、梁、赵、葛、郯、莒（郯二姓，莒三姓）、钟离、运奄、菟裘、将梁、江、黄、修鱼、白冥。

缗姓，有仍。

真姓，霍。

庆姓，国绝。

庆姓，尹、樊、骆、越。（《潜夫论》言："庆姓，樊、尹、骆。"案：骆宜即骆越。《越世家》正义引《舆地志》："交趾周时为骆越，秦时曰西瓯。""南越及瓯骆，皆芈姓也。"言姓氏者古今不一，此无多怪）

归姓，胡。

曼姓，邓、鄾。

隗姓，赤狄也。分为洛、泉、徐、蒲、甲氏，留吁，铎辰，廧咎如，皋落氏。

允姓，阴戎。

句姓以下，国在《山海经》者，皆不能正言其地。姬、嬿、娸，亦然。惟威氏有南威，不知其女出何国也（《战国策》："晋文公得南之威，三日不朝。"女子举姓，南之威犹《庄子·齐物论》言"丽之姬"也。寻《说文》："威，姑也。"《汉律》曰："妇告威姑。"然威姑即君姑。《说文》："莙，读若威。"则威可借为君明矣。训威为姑，殊非本义。《广雅·释亲》："姑，谓之姑。"亦承其误。窃以威本人姓，故其字从女尔。南威之国，尚无所考。至《广韵》引《风俗通义》云：威姓，"齐威王之后"。此则男子系氏而非姓）。而周封黄帝之后于蓟，重黎之后有程伯，高辛之后有商丘、大夏，不识其姓，以一人苗裔分数姓故。凡此有姓之国，大略具矣。其支庶分析，各为氏族，则不具记。曰："芟夷其伪者，而本氏可睹也。"

序种姓下第十八（訄书十八）

尧、舜、彭铿虽在世，古之名族，箸于《世本》《潜夫论》者不二三，而在亦未能指其庐井、识其乔木也。大人不悲故姓之雕，而悲夫戎部代起以滑吾宗室者。明太祖革虏姓，令就汉族。汉族文二者削其一。自是系谍凌杂，不可斠理。顾炎武尝愤痛之。

然夷汉之殽，何渠自明世？当晋之衰，而拏错相乱者，既有萌矣。若渊、勒称刘、石，与赤县箸族相混，非独一二。独孤曰刘，而相似者三。杜伯自尧，独孤浑曰杜，而相似者四。房自丹朱，屋引曰房，而相似者五。

世皆曰中夏无金氏，尽金日磾裔也。至《广韵》则本其出于白帝金天之胄。又复姓有金留氏，其后削一不可知。隋文帝时，新罗王金真平遣使入贡。隋《东蕃风俗记》曰："金姓相承，三十余叶矣。"（《通典》一百八十五引）新罗本辰韩种。辰韩耆老，自言秦时亡命至此。自隋而上，三十余叶，则金氏故秦族也。今在中国者，日磾与金天，亦不知何别也。齐大夫有长孙修。《世本》曰：食邑于唐，其孙仕晋，后号唐孙氏。汉世治《孝经》者，犹曰长孙（见汉《艺文志》），暭暭自神明出。拓跋之部，亦有长孙氏，若无忌等，粲然为索虏。其沦隐者，未能明也。叔孙亦然，与鲁三家同号。周，姬姓也，魏献帝次兄普氏署焉。宿，风姓也，宿六斤氏署焉。梁，嬴姓也，拔列兰氏署焉。周之单子自文、武，魏之单氏自可单。上党之黎自黎侯，河南之黎自素黎。凡朱氏自邾娄，索头之朱自渴独浑。于之鼻祖自邘叔，其在东海，有定国，为汉丞相；北庭之于自万忸于。更氏曰侯，侊本于宣多，自贺吐。更氏曰窦，侊本于广国，自没鹿回。鲍氏箸者，于汉有宣，在齐曰叔牙；窃之者自俟力伐。寇氏在汉，恂最卓荦，为大官，本苏忿生为周司寇，后以官氏，窃之者自若口引。羽之颉，为大夫于郑，窃之者自羽弗。连之称，齐臣也，窃之者自是连。费之长房，在汉为方士，祎于蜀执国兵秉，一曰自大费至纣臣费仲，亦曰自夏禹出于江夏，一曰鲁季孙后也；窃之者自费连。田千秋者，以乘小车称车丞相，子孙氏之；窃之者自车焜。黄帝之师，或曰封钜者，实受族曰封；窃之者自是贲。云敞，或曰祝融后也，又曰缙云氏者，受族曰云；窃之者自宥连。毕公之子曰季孙，食采于潘，楚则有潘崇；破多罗氏攈之。共叔与段干木后，皆曰段；檀石槐之后匹磾攈之。扬之在晋，食于步以为族；步鹿根氏攈之。汉之兴，而有陆贾、娄敬；陆者，步六孤氏攈之；娄者，伊娄氏、匹娄氏攈之。汉之亡，而王莽有臣曰甄丰；郁原甄氏攈之。丘林氏曰林，错于放。丘敦氏曰丘，错于丘明。俟伏斤氏曰伏，错于博士胜。贺儿氏曰儿，错于御史大夫宽。可地延氏曰延，错于京兆尹笃。如罗氏曰如，错于陈郡丞淳。汉之守巴郡者鹿旗（见《风俗通义》），戎乱之自阿鹿桓。庞俭母曰艾（见《风俗通义》），戎乱之自去斤。齐建之后曰王家，戎乱之自阿布思（此惟安东王氏。唐成德节度使王庭凑，即胡种也）。且拓跋曰元，齐欢曰高，尉迟曰尉，胡堿曰浑，则元晅、高傒、尉缭、浑罕之裔，殆替绝矣。汉詹事有蒲昌（见《风俗通义》），武都之氐而有蒲洪。洪更氏曰苻，今迁讹为苻云。中古鲁顷公孙雅，仕秦为符玺令，以得符氏，望于琅邪，此故有符也。汉大尉曰桥玄，望于梁国，其后书不正为乔。乔者，匈奴贵姓，而世为辅相，箸于前代，录汉则不蔵。是其文籍踳驳，以乱官族，亦以悲矣！何氏亦有庐江、东海、陈郡三望，本韩灭，子孙分散江淮间，音讹变而为何。武仕晚汉为名臣；妥父以细脚胡入郫，而窃其宗。吴公子柯卢，其后为柯；利用於柯拔袭有之。独《风俗通义》言吴夫概奔楚，其子在国，以夫余为氏；其后百济王亦氏夫余，世莫知其同异。汉则有鲜于妄人，荐第五伦者鲜于褒也，应氏以为箕子之世；今在朝鲜者，尚氏鲜于。二国与神州故同柢。同柢者，其玉步同；异柢者，其玉步异。是以有黄中而无阴血，无所析也。非是，则羼于石民，烝尝于炎虞者，谓之沴气。自江左及唐，既有贩鬻图谱，自傅甲族者，北人尤嗜进，不耻腥膻，若元、高、长孙、尉、浑之属，虽一二出炎黄，亦自引致于近贵，明矣。上世戎狄有树惇者，其享觐共主，白鹄之血以饮之，牛马之湩以洗之，鱼鞞鲛瞂以卫之，翠羽菌鹤以观之，白旄纰罽以荐之，内向非不诚也。报之，则胙以侯王，隆以大长，明有旌节，幽有玉匣，独氏族未尝锡之以为宠。至唐，则有赐姓，蛮夷降虏，或冠以李氏。阿史那之削，上班佚、籀。重胤故乌石兰氏，自更曰乌，以援枝鸣。虽韩愈依违其间。夷汉互贸，为辞兹沓，昭穆无质，官氏自此而庙濯自彼。其不蘖芽于豪州受命之世，灼灼也。然犹幸有高俭、柳芳、林宝之伦，辨伦脊，察条贯，成周小史之职，未废于地。先是贾、王诸巨人，多有纂录；其后虽邓名世、王应麟，皆章章有功。自永嘉丧乱以至晚宋，更九百年，戎夏捽久矣，犹有畛略，不即于汗漫无纪，亦二三明哲辨章之力哉！蒙古入，遂放纷无次。至明太祖以行乞致南面，李善长、宋濂、王祎并起自蒿莱，不睹金匮，古学废秏，而姓氏失其律度，兹无谪焉。今又有忙氏、完氏、黏氏诸族，皆金元遗裔，遭明时未北徙。此其略可辨程者。其余回种，亦曰以蕃息，不可究度。

万物莫不知怀土，而乐归其本。不知地望，不能推陵谷；不自知其气类，不能观庙怪。故思古之情弛，合群恩国之念亦儽儽益衰。古者贞系世，辨乡望，皆树之官府，铭之宗彝，誓之皇门。然则其民重弃种类。当其流散，而魂魄犹斟酌饱满，永怀其故老，至于台笠杂佩，一簪一屦，凄凄怆怆；有事则率其类丑，以赴亟难。自荆翼之亡，赖三间，九宗得复存立。江左衰微，其民挟注本郡，而不土断；闾伍不修，赋无所出，亦以爱类，得不沦于艽野，有以也。间者经纬诸子，历算、地形、六书、彝器诸艺，所在匡饬，而谱学不绍，旷六百年故王道日替，民以风波，悲夫！议者欲举晋衰以来夷汉之种姓，一切疏通分北之，使无干渎。愚以为界域泰严，则视听变易，而战斗之心生。且其存者，大氐前于洪武，与汉民通婚媾。婚至七世，故胡之血液，百二十八而遗其一。今载祀五百矣！七世犹倍进之。与汉民比肩，若日本之蕃别，则可也。要之，无旷谱官，使流别昭彰。诸夷汉部族，其物色故不相混者，董理则易也；相混者，虽微昧不可察，或白屋无乘载，宜諏其迁徙所自，递踪迹之，以得其郡望，必秩然无所遁。虏姓则得与至九命，而不与握图籍，以示艺极。国之本榦，所以胙胤百世而不易矣。巴、僰、賨、蜑吊诡之族，或分于楚、越，亦与诸华甥舅，宜稍优游之，为定差等，勿使自外。独有满洲与新徙塞内诸蒙古，今在赤县，犹自为妃耦，不问名于华夏。其民康回虐饕，墨贼无艺。有圣王作，傥攘斥之乎？攘斥而不殚，流蔡无土，视之若日本之视虾夷，则可也。

原变第十九（訄书十九）

人谓紫脱华于层冰，其草最灵（《文选》王元长《三月三日曲水诗序》注引《礼斗威仪》："人君乘土而王，其政太平，而远方献其珠英、紫脱。""紫脱，北方之物，生植紫宫。"按：紫宫，即北极。今北冰洋亦有浮生之草，斯即紫脱矣。本非奇卉，以致远物为奇尔）。紫脱非最灵也，其能寒过于款冬已。鼠游于火，忍热甚也。海有象马，嘘吸善也。物苟有志，强力以与天地竞，此古今万物之所以变。变至于人，遂止不变乎？人之相竞也，以器。风胡子曰：轩辕、神农、赫胥之时，以石为兵，断树木为宫室，死而龙臧。黄帝时，以玉为兵，以伐树木为宫室，死而龙臧。禹穴之时，以铜为兵，以凿伊阙，决江导河，东注于东海，天下通平，治为宫室。当今之时，作铁兵，为龙渊、泰阿、工布麾之，至于猛兽欧瞻，江水折扬，晋郑之头毕白（见《越绝书·外传·记宝剑》）。石也，铜也，铁也，则瞻地者以其刀辨古今之期者也。惟玉独无所见于故书轶事。

章炳麟曰：阖胡观于鞞琫礌具之用？以知璋之邸射，古之刀也；圭之上郯，古之铗也；大圭杼上而终葵首，古之铁椎也；琮之八隅，古之矛与戟也。及玉，不足以刃人，而仅存其璏珌以为容观。武库之兵，出之典瑞，以为聘祭之币。斯无以竞矣。竞以器，竞以礼，昔之有用者，皆今之无用者也。民无兽患，则狩苗可以废。社无鬼神，则朱丝、攻鼓可以息。自是以推，坐不隐地而跪稽（按：坐不隐地者，多不欲拜稽。《元史·宪宗纪》禽钦察部酋巴齐马克，命之跪。曰：“身非驼，何以跪人为？”此其一事。其详在《礼俗篇》），庙不撰景而刻石，大臣民戮者不赐盘水而拜恩，名实既诡，则皆可以替。竞以礼，竞以形，昔之有用者，皆今之无用者也。冰期非茸毛，不足与寒气格战。至于今，则须发为无用，凑理之上，遂无短毳矣。泰古之马，其蹄四指，足以破沮洳。今海内有大陆，而马财一指。然则沧热燥湿之度变，物之与之竞者，其体亦变。且万族之相轧，非直沧热燥湿之比者也。若是，人且得无变乎？浸益其智，其变也侗长硕岸而神明。浸损其智，其变也若跛鳖而愚。其变之物，吾不能知也，要之，蜕其故用而成其新用。吾不敢道其日益，而道其日损。下观于深隧，鱼虾皆瞽，非素无目也，至此无所用其目焉。鲸有足而不以厹，羖有角而不以触，马爵有翼而不以飞，三体勿能用，久之则将失其三体。故知人之怠用其智力者，萎废而为豦蜼。人迫之使入于幽谷，夭阏天明，令其官骸不得用其智力者，亦萎废而为豦蜼。防风，鳌姓也，后为侨如。马留，天汉之士卒也（《唐书·南蛮·环王传》：“又有西屠夷，盖马援还，留不去者，才十户，隋末孳衍至三百，皆姓马。俗以其寓，故号‘马留人’，与林邑分唐南竟。”按：今马留遍殖南洋，孳乳固广，而彼土故种，亦沿其称号也），今其颜色苍黑，其思虑不徇通。自亚洲之域，中国、日本、卫藏、印度有猿，其他不产。奥洲无猿，亦无反噍之兽。其无者，化而为野人矣。其有者，庸知非放流之族，梼杌、穷奇之余裔，宅岫窟以御离鬽者，从而变其形也？以是为忧，故“无逸”之说兴，而“合群明分”之义立矣。

章炳麟曰：物不知群，益州之金马、碧鸡。大古有其畜矣，沾沾以自喜，踽踽以丧群，而亡其种，今仅征其枯腊（凡僵石，皆生物所化，亦有本是金石，而生物留其印迹者；又有生物已化去，而他金石之质往代其壳，与原式无异者。是盖鸡马枯壳已化，而金碧代之也）。知群之道，细若贞虫，其动翃翃，有部曲进退而物不能害。山林之士，避世离俗以为亢者，共侏张不群，与夫贪墨佣驽之役夫，诚相去远矣。然而其毙，将挈生民以为虡蜼。故曰：鸟兽不可与同群。合群之义，其说在《王制》《富国》；知人之变，其说在《八索》。

族制第二十（訄书二十）

刑天无首而舞，跋难陀龙无耳而听，阿那律陀无目而见（见《楞严经》）。藉弟令非诬，其抑者若珊瑚与水母，动物而虚其脑也。若夫五凿异处，而视听之舍殊，此奚足眩矣？思士不妻、思女不夫孕也，舜若多神之无身触也（亦见《楞严经》），此非殊舍也，而犹若是。意者其犹电鱼之储气，将不行而至者邪？以电卧人，能使前知若远游，所睹星辰、水波、山谷、人物、虫兽、车马，诡谲殊状，皆如其志（瑞典人箸《催眠术》，言以电气使人熟睡，能知未来及知他人所念，或见异物殊状，有千里眼、梦游诸名。其原出于希腊。晚有《曼司莫立士姆》及《汉坡诺忒斯没》诸书，今皆命曰精神学。盖列子西极化人、易人之虑，谒王同游诸事，皆非诬也）。要之，万物莫神于辟历，苟非骸质，犹无以觉无以传矣。圣王因是以却鬼神，而天所生。

上古受姓皆以母，而姬、姜、姞、姚从女。自黄帝子为十二姓，箸之图录，冀统以父，然不能无棼乱。是故嬴氏之祖不章，而秦之先乃谍系颛顼，以出于其孙女修故（《秦本纪》：“秦之先，帝颛顼之苗裔孙曰女修。女修织，玄鸟陨卵；女修吞之，生子大此。”索隐曰：“秦、赵以母族而祖颛顼，非生人之义也。”“《左传》，郯国，少皞之后，而嬴姓盖其族也。秦、赵宜祖少皞。”按：少皞，己姓，索隐误）。且诸侯皆一本，惟六、蓼，则并祖咎繇、庭坚。庭坚者，颛顼之才子（《古今人表》列高阳才子八人，以咎繇代庭坚，竟谓一人二名，此误）。女修于庭坚，盖姑姊妹。母系者传甥，是以舅甥两名其祖（《族制进化论》曰：世有不传官位于子，而传姊妹之子者。此由女系亲族法。故拔德儿曰：罗安高之市府酋长四人，皆国王甥也；王子不得嗣位。海农说中部亚非利加之俗亦然。佗斯佗士史载日耳曼古代风俗，曰：舅与从母之爱其甥，犹父之爱其子；甥爱舅与从母，或过其父；敌国交质，不取子而取甥，独财产传之其子耳。印度之连波人，夫以财物少许与妇，买其子归，冠以己族，始得专有；其女则必归妇家，而夫不得有也。班古罗夫之书所载亚美利加之其尼路人，传财产于女系子孙；初克佗人，儿童将入学校，父不命而舅命之。皆重甥之征也）。传称咎繇子为皋子（《列女·辨通传》。皋即咎）。惟咎繇亦称陶叔（《易林》需之大畜），而许由者实咎繇之异称（后有附说）。以是知繇者其名，咎则犹咎犯也（舅犯，古多作咎犯）。咎繇既传于母系，已亦从其宪典而授之甥；自甥称之曰咎，其后遂以为成俗习言，犹咎犯也。故化益虽以繇子，而别其姓曰嬴，独国邑未蔵以授人耳（见后附说）。胥臣曰青阳，方雷氏之甥也；夷鼓，彤鱼氏之甥也；方以明彰族姓，而亟言甥，即黄帝子犹有母系，无疑也。嗟乎！核丝之远近，蕃萎系焉（传称“男女同姓，其生不蕃”。故父党母党七世以内，皆当禁其相婚，以血统太近故也）。遗传之优劣，蠢智系焉。血液之袀杂，强弱系焉（言人种改良者，谓劣种婚优种，其子则得优劣之血液各半；又婚优种，其子则得优种血液八分之六；至七世，则劣种血液仅存百二十八分之一，几全为优种矣）。细胞之繁简，死生系焉（生物学之说，谓单细胞动物万古不死，异细胞动物则无不死。然其生殖质传之裔胄，亦万古不死）。民之有统也，固勿能斥外其妣矣。观于深山大泽，而知其将生龙蛇，素成之道，书之玉版，其慎始敬终也。民之蔡哉！平等之说盛，而第高下者，持其故以相诘，曰：女智必不如士。胡蝶的争女也，而华其羽毛；鸡的争女，故生冠距；师子惟争女，故修项被鬣。其丽且武，皆以争而擅于其牡。虽人，亦动物也，自大上而静瘗者不增其材力，又常迫妊娠，至不能事事，是以《梓材》怜之，曰妁妇也，鳏寡也。妪之必厚，其权则必不得均于士矣。圣王因是以贵世适而尊祢庙，天子则及其太祖，虽文母犹系之子，世适之贵也，亦曰遗传尔。其敝至于任用一姓，而贵戚之卿守其胙。守胙者，诚宵其祖父，不丧蝉嫣，世卿奚讥焉？夫遗传，若冰之隐热矣，隐于数世，越世以发，以类其鼻祖，不必父子。故商均不宵舜，而宵瞽叟；周幽不宵宣，而宵汾王。且性犹竹箭也，括而羽之，镞而弦之，则学也。不学，则遗传虽美，能兰然成就乎？登啮肥乘坚之童，而摈羊裘之骏雄于椓杙，其道莫颇。圣王因是以革世卿而官天下，曰：弗乎弗乎？白雉不贡，泗水不出鼎，吾已矣夫！仲尼之遏于季孙、田成子，而不得进；子弓之骍角，而不得十二游以南面。遏之也力，故创之也甚。虽然，使上古无世卿，又安得仲尼、子弓也？彼共和而往，其任国子者，非以贵贵，惟竞存其族故。不然，今吾中夏之氏族，礧落彰较，皆出于五帝。五帝之民，何为而皆绝其祀也？是无他，夫自然之淘汰与人为之淘汰，优者必胜，而劣者必败。睿哲如五帝，氓固奔逐，喘弗能逮矣，则又封建亲戚以自屏翰，迫劫其异族使为一宗；不宗者以律令放流，屏于大荒深阻丛棘白草之间，以伍戎狄。繇轩辕以至孔氏，凯二千年，其名子姓者至于百姓千品万官亿丑，非其类者，又安所容其趾乎？且古之淘汰，亟矣！故戚施直镈，蘧篨蒙璆，侏儒扶卢，蒙叟修声，聋聩司火，有时而用之。若夫童昏、嚚瘖、焦侥，官师之所不材也，以实裔土。夫屏之裔土者，惧其传疾以败吾华夏之种，故蹙蹙焉淘汰之也（凡负伤遗传，如狸犬或失其尾，则所产者亦无尾；人或堕指，其子亦无指；又骈指至六、七者，或数代皆同。此则形骸疾眚，皆有遗传矣）。古之人，未尝不僭滥于赏罚。欲良其种也，则固弗能舍是。

比端门之有命，而种既良矣，尽天下而皆出于厉山有熊，则孰为其优？而孰为其劣？于是废世卿，释胥靡，与天下更始。三古之世卿，若执桃茢以赤犮其不材之种，然后九州去其狼扈，而集其清淑。虽竞存，非私也。今至于桓、文，四裔之孤偾，其有以于吾族纪乎？其皆吾昆弟与皇之耳孙矣。虽不竞存，无进于其公也。自非前世之竞存，则仲尼、子弓雕额冒耏也久矣，又安得渊圣之材，而制是法乎？制法有程，而种之日进也无程。使人人之皆角犀丰盈者，必革其恒榦。革榦之道，非直严父，亦赖母仪焉。《十翼》以《归妹》为天地之大义（上《系》：“《易》有大极，是生两仪。两仪生四象，四象生八卦。”虞注：“四象，四时也；两仪，谓乾坤也。《乾》二五之《坤》，成《坎》《离》《震》《兑》。《震》春，《兑》秋，《坎》冬，《离》夏。故两仪生四象。《归妹》卦备，故《彖》独称天地之大义也。”此则《风》始《关雎》，《书》首“釐降”，义皆该之矣。又按：自大极而两，而四，而八，则自八而十六，而三十二，而六十四，自可比类，非邵雍之私说也。今生物学家谓细胞极球，一裂为二，二裂为四，自此为八，为十六，为三十二，为六十四。是即《归妹》之旨），其成绩究乎“使跛能履，使眇能视。”（《集解》本“能”作“而”。《履卦》亦然。然《释文》不出异文。据虞注，则作而；据《履卦》侯果注，则作能。按：废疾负伤，若夫妇同病，则必为遗传；若妇非跛眇，则幸可改良。凡改良之说，视此）呜呼，民之蔡哉！

附：许由即咎繇说

唐、虞以贵族行禅让。瞽叟者虞君，而舜其世适也，不欲以天位授庶人。太史公称“尧让天下于许由”，宋氏《尚书略说》以为伯夷。其义曰：“《大传》‘阳伯’，郑谓伯夷掌之。《左》隐十一年传：‘夫许，大岳之胤也。’《墨子·所染》《吕氏·当染》，皆云‘舜染于许由、伯阳’。伯阳，阳伯也。故知许由即伯夷矣。史言尧让许由，正傅会咨岳巽位之文也。”此其说知放勋之不禅布衣，其实犹未审谛。案，《吕氏》高注，谓“伯阳即老子”。说诚诬缪，然《尸子》言“舜得六人，曰雒陶、方回、续耳、伯阳、东不识、秦不空，皆一国之贤者也。”（《御览》八十一引）是固别有伯阳，非许由矣。

余以许由即咎繇，《古今人表》书、作许繇，正与咎繇同字。《夏本纪》曰：“封皋本陶之后于英、六，或在许。”（皋陶即咎繇）古者多以后嗣封邑逆称其先人，以其子姓封许，而因称咎繇曰许繇，亦犹契曰“殷契”（盘庚迁殷，始有殷名。契始封商，不曰殷也。而《殷本纪》亦称殷契），弃曰“周弃”（大王迁岐，始有周名。弃始封邰，不曰周也。而《鲁语》云“夏之兴也，周弃继之”），不一一曲譬也。禅让之说，本在夏世。《夏本纪》言“帝禹立而举皋陶荐之，且授政焉”。而皋陶卒后，乃展转讹迁，以为尧让。古事芒昧，未足怪也。《伯夷列传》云，“余登箕山，其上有许由冢”。《夏本纪》言“益让帝禹之子启，而辟居箕山之阳”。益固咎繇子也。高注《吕氏·当染》，以许由为阳城人。箕山者，下临阳城（《括地志》印：阳城，县在箕山北十三里）。由冢在是，归葬故里也；益辟在是，暂守父墓也。亦犹禹辟商均于阳城，阳城以北为崇伯之国，将守故封，而视终身不奸天室之政矣（《夏本纪》正义：阳城县在嵩山南二十三里。按：嵩本作崇，即崇伯，鲧所封。禹、繇封邑相邻，特分南北耳）。若《皇览》言咎繇冢在庐江六县，与许由箕山不相应。此犹尧葬济阴（《五帝本纪》集解引刘向及《皇览》），而《墨子·节葬》以为蛩山，《吕氏·安死》以为榖林。舜葬九疑（《五帝本纪》），而《孟子·离娄》以为鸣条。古事芒昧，亦未足怪也。又，《御览》一百七十七引戴延之（西征记）曰：“许昌城，本许由所居。大城东北九里，有许由台，高六丈，广三十步，长六十步。由耻闻尧让而登此山，邑人慕德，故立此台。”是说则后起者。然许昌即许县，与阳城同属颍川（《续汉·郡国志》）。则意咎繇封邑，本自阳城达许，其后世封许者，亦即守其故土，未可遽定也。或曰，墨、吕既箸舜染许由之文，又言禹染于皋陶、伯益，诚使许由、咎繇为一人，何故变名更举？是则以尧让之譌言，远起三季，墨、吕因习闻焉，而不察其为异称也。

民数第二十一（訄书二十一）

阴阳之气，发敛之度，无古今一也。丛林乔木，不一日而兹，惟蠛蠓醯鸡欤？蠕动群飞，其卵育亦不迮。人者独异是。自嬴氏以前，里闾什伍之数，尚已。盖汉平帝元始二年，口五千九百五十九万。后汉和帝永兴元年，口五千三百二十五万（此据《续汉·郡国志》注引伏无忌所记。东汉户口，此为最盛）。唐玄宗开元二十八年，口四千八百一十四万。元世祖至元二十七年，口五千八百八十三万。明神宗万历六年，口六千六十九万。清兴以来，康熙四十九年，口二千三百三十一万；乾隆五十九年，口三万七百四十六万；道光二十八年，口四万二千六百七十三万。其辜较如此。

夫自元始以来，至于康熙，千七百年，民数不相越。及乾隆之季，相去才八十年，而民增十三倍。此何说也？借曰天下久无事，民不见水火蜂刃，故日以孳乳。然自建武以逮和、安，由天宝溯贞观，中原无狗吠之警者，其距年亦相等，而倍不至是。借曰疆域衺延，前代所未有。未有者，即回部耳。汉尝开朝鲜、高句骊，以为乐浪、玄菟，今亦未能郡县之也。蒙古今为汗，羁属理藩。唐时则且灭突厥，以置刺史。较其长短阔狭，亦略相当。且沙漠之地，固稀人而旷土，其户口何足选？天府所登，未越九州也。

章炳麟曰：均庸调于地者，始自康熙朝。自康熙而往，上identical秦、汉民皆有口赋。有口赋，则民以身为患，虽有编审，必争自匿矣。有司惧负课，会计其数，又十而匿三四。口赋既免，贫优于富厚，游惰优于勤生。民不患有身，虽不编审，而争以其名效于上矣。故乾隆之民数增于前十三倍者，曩之隐窜伏匿者多也。且升平之世，疆吏喜以膴盛媚于上。彼将曰：“衺益民数，既不足以累郡县，圣灵斐然，宜有所润色，以乐主听，则虚增之可也。”非直虚增尔，户籍属草稿，多受成于保甲。一人而远游，地既鬲越，有司不相知，榜其名家，复榜其名在所。及要最既上，无校雠者，卒不为删除重复。若是，则以一人为二人也。一隐之，一增之，故相去若丘谷，至十三倍其旧。然则元始以来，民必有盈万万者也。乾隆、道光之世，民不过倍万万也。虽然，古者乐蕃遮，而近世以人满为虑，常惧疆宇狭小，其物产不足以袭衣食。今淮、汉以南，江皋河濒沮洳之地，盖树艺无瓯脱矣。东南之民数，宜必数倍前代。使辟地于巨岛灌莽间，则邻国先之。使从事于河、雒，昔之膏腴，今乃为沙砾。地质易矣，不可以值稻粱，而犹宜于嘉卉，莫挈之则窳也。故弱者道殣，强者略夺。终则略夺不可得，而人且略夺之。章炳麟读《小雅》，至于“螟蛉有子，蜾蠃负之”，歒然叹曰：呜呼！后司农见之矣。言有万民不能治，则能治者将得之也。

封禅第二十二（訄书二十二）

呜呼后世之封禅，侈心中之，而假于升中燔柴以恣其佚乐，斯无足论者。夫古之升中燔柴者，曷为者也？封大山，禅梁父，七十有二家，以无怀为最近。当是时也，天造草昧，榛薄四塞，雄虺长蝮，尽为颛民害。人主方教民佃渔，以避蜚征之螫，何暇议礼？然则其所以封禅者，必有所职矣。吾尝以为古之中夏，赢于西极，而缩于东南。东南以岱为竟。徐扬淮海，禹迹之所蹈，同于羁縻，有道则后服，无道则先强，故《春秋》夷吴、越。成周之盛，淮夷、徐戎，其种族犹吾人，而以其椎髻之俗，憬然犯南甸。若然，自岱而南，王教之所不及。帝王治神州，设险守固。其封大山者，于《周礼》则沟封之典也。因大麓之阻，累土为高，以限戎马，其制比于蒙古之鄂博。是故封禅为武事，非为文事。彼夷俗事上帝，故文之以祭天以肃其志，文之以祀后土以顺其礼，文之以秩群神以扬其职。是其示威也，则犹偃伯灵台者也。三王接迹，文肆而质鏠，而本意浸微。丧其本意，而曰行以蒲车、恶伤山之土石草木者为“仁物”也。夫国有峤隨，不崇其高，堑之凿之赭之荡之，以为魁陵粪土，即有大寇，其何以御侮？为封域计，土石可伤邪？古者野庐几竟，宿息井树。单襄公有言：“列树以表道，立鄙食以守路。”故至于狭沟丛树，而戎车踬矣。为封域计，草木可伤邪？然则所以恶伤土石草木者，在彼不在此；所以用蒲车者，在彼不在此。先王以“仁物”叫号于九围，而实阴收其利，故封禅可尚也。嗟乎！嬴、刘之君，南殄滇、粤，而北逐引弓之民，其所经略，则跨越乎七十二家之域矣。去病以武夫，知狼居胥之可封，而人不以僭越罪之也。使汉武寤于此，则岱宗之彻迹可以息矣！

公言第二十七（訄书二十七）

求朝夕于大地，而千岁不定，横赤道之带是也；藉假吾手所左右以期之，而上下于半球者异言矣；是以一方之人为公者也。黄赤、碧涅、修广，以目异；徵角、清商、叫、啸、喁于，以耳异；酢甘、辛咸、苦涩、隽永百旨，以口异；芳苾、腐臭、腥蝼、膻朽，以鼻异；温寒、熙湿、平棘、坚疏、枯泽，以肌骨异；是以人类为公者也。生而乐，死而哀；同类则爱，异类则憎；是以生物之类为公者也。公有大小，而人不营度，公其小者，其去自私，不间以白氂。是故至人谓之“累虎之智”。虽然，以黄赤碧涅之异，缘于人之眸子，可也；以目之眚者，视火而有青炎，因是以为火之色不恒，其悖矣。取歧光之璧流离。蔽遮之于白日，而白者为七色，非璧流离之成之，日色固有七，不歧光则不见也。火之有青炎，火者实射之，不眚目则亦不可见也。烛炖钧冶之上，七色而外，有幻火变火，可以熔金铁，而人目不能见。不见其光，而不得谓之无色；见者异其光，而不得谓之无恒之色。虽缘眸子以为艺极，有不缘者矣（右论色）。大鱼始生，卵割于海水，久渍而不知其咸。苟以是论咸味之无成极，而坐知咸者以舌臄之妄缘（《荀子·正名篇》已言“缘天官”，又言“验之所缘，无以同异而观其孰调”。释典未入中国，儒书言缘者始此）。夫缘非妄也，虽化合亦有其受化者也。且人日茹饮于酸素之内而不知其酢，及其食醯梅，则酢者觉矣。苟日寝处于醯梅而噍之，虽醯梅亦不知其酢也，乃酢于醯梅者则知之。是故分剂有细大，而淡咸无乱味。以忘微咸者而欲没咸之达性，固不厌也（右论味）。单穆公曰：目之察色，不过墨丈寻常之间，耳之察清浊，不过一人之所胜，故制钟大不出钧，重不过石，过是则听乐而震，观美而眩。声一秒之动，下至于十六，高至于三万八千，而听不逮。日赤之余炻（《说文》：“炎，火光上也”；“炻，炎光也”。按：“炎光”，即今所谓光线；光自发点以至人目，皆顺线，行至目则成圆锥形，即炎光上锐之义），电赤之余炻，光力万然蒸，而视不逮。余尝西登黄鹤山，瞻星汉阳，闪尸乍见，屑屑如有声。以是知河汉以外，有华臧焉，有钧天广乐之九奏万舞焉，体巨而吾耳目勿能以闻见也。以不闻见，毅言其灭没，其厌人乎？（上论声色二事）夫物各缘天官所合以为言，则又譬称之以期至于不合，然后为大共名也。虽然，其已可譬称者，其必非无成极，而可恣膺腹以为拟议者也。今吾已范人之形，而勿能求其异合于非人之形，其不从大共以为名者，数也。及夫宗教之士，知其宥，不知其别，以杜塞人智虑，则进化之几自此阻。吾与之陟灵台，曰：道刑乎域中，而智周九天之上。

平等难第二十八（訄书二十八）

天地之道，无平不陂，故曰：水平而不流，无原则遬竭；云平而雨不甚，无委云，雨则遬已；政平而无威，则不行。然则平非拨乱之要也。昔者平等之说，起于浮屠。浮屠之言平等也。盖亏盈流谦，以救时弊，非从而纵之，若奔马之委辔矣。何者？天毒之俗，区人类为四等：以婆罗门为贵种，世读书主祭；其次曰刹利，则为君相将士；其次曰毗舍，则为商贾；其次曰首陀罗，则苦身劳形，以事甽亩，监门畜之，而臧获任之。是四类者，庆吊不通，婚媾不遂，载在册府，世世无有移易。夫椭颠方趾一也，而高下之殊至是。此释迦所以不平，而党言平等以矫正之也，揉曲木者，不得不过其直，恣言至其极，则以为鷇卵毛鳞，皆有佛性，其冥极亦与人等。此特其左证之义，覬以齐一四类，而闳侈不经，以至于滥，有牛鼎之意焉。愚者滞其说，因是欲去君臣，绝父子，齐男女。是其于浮屠也，可谓仪豪而失墙矣。且平等之说，行之南北朝，则足以救敝，行之唐宋以后，则不切事情。是何也？当门地之说盛时，公卿不足贵，累囚俘虏不足贱，而一于种胄乎办之。至唐高俭定《氏族志》，犹退新门进旧望，右膏粱左寒畯。盖其俗尚之敝，与天毒同风。观夫王源与富阳满氏为婚，班列不当，无损无礼教豪发。而沈约弹之，以为生死点辱，于事为甚，若以兹事为至僻回者。嘻！其挛也。于斯时也，而倡平等之说于其间，则菅蒯之弃，蕉萃之哀，息矣。其有助于政教，必不訾矣。今自包衣而外，民无僮仆。昔之男子人于罪隶、女子入于舂稿者，今亦及身而息。自冕黼旒钺以逮蓝缕敝衣者，苟同处里闬，一切无所高下。然则以种族言，吾九皇六十四民之裔，其平等也已夙矣。复从而平之，则惟去君臣，绝父子，齐男女耳。昔者《白虎通德论》之言，以人皆上天所生，故父杀其子当诛。晋献公罪弃市，以杀其大子申生故。夫忍戾至于戕贼其所爱，则何人而不戕贼？又上绝其考妣之性，使无遗育，其在辟，宜也。今缪推其同出于上天以立义，虽夏楚之教，没其慈爱，而诬之以酷烈，责之以自擅；若是，虽法吏之囚锢役作其罢民，亦酷烈自擅也（欧美法有囚锢役作，无夏楚。说者必谓夏楚酷于囚锢役作，亦思数日之困悴，与一时之呼暴，在受者果孰甚乎？父之于子，必不忍囚锢役作之；成年而后，或施以夏楚，亦与榜掠异状。宁得倒置其重轻也）。乃夫男女之辨，非苟为抑扬而已。山气多男，泽气多女（《淮南·地形训》语）。泽女不骈适则不夫，山女不适骈则不养（俄罗斯人威斯特马科《婚姻进化论》有此说，今本之），数也。中国无媒氏以会男女，其数不彰。一岁之为盗贼罪人、劳作饿夫以死者，皆男也。男之雕丧，则怨女自多，而不得不制妾媵以通之。且人类者，欲其蕃衍，与一女伉数男，则不若一男而伉数女。夫以一男而伉数女，此犹三十辐共一毂，即其势固不可以平等。就除妾媵矣，有生与之技，有形与之材，官其剂量，则焉可平也？第马而殊骏驽，第人而殊佣下与卓跞，亦剂量殊尔，然犹以其第厚薄之。虽舜与造父者，亦若是厚薄之，况不易之剂量哉？（按：普鲁士宪法，女子不得嗣君位，此大陆主义与偏岛固殊，亦剂量然也）昔樊英有疾，其妻使婢候问，英则下床答拜，曰："妻，齐也，礼无不答。"（《后汉书·方术·樊英传》）君子齐其礼，而不齐其权也。古者谓君曰林烝，其义为群，此以知人君与民等，其义诚大彰明较箸也。及其然独立于民上，欲引而下之，则不能已。夫一哄之市，必立之平，一卷之书，必立之师；虽号以民主，其崇卑之度，无大殊绝，而其实固已长人。故曰：以不平平，其平也不平。彼道家之言曰：虽有忮心者，不怨飘瓦。然则以投鉆定赏罚，以三载考绩易总统，是特当轴处中者之所以避怨讟，顾贤桀安取乎？夫父子夫妇之间，不可引绳而整齐之，既若是矣，君臣虽可平，抑于事故无取。故曰：平等之说，非拨乱之要也。虽然，吾尝有取矣，取夫君臣之权非平等，而其褒贬则可以平等也。昔者埃及之王称法老，死，大行至窆所，或颂其德，或指其邮，以得失相庚偿，过多则不得入墓。其王亦深自亟敕。惧罗罪辟，莫敢纵欲。是故中国称天以诔天王，而《春秋》有罪者不书其葬。

明独第二十九（訄书二十九）

遇灵星舞僮而谓之曰："子材众庶也。"则按剑而噁。俄而曰："子材固卓荦，天下所独也。"则笑屑然有声矣。则又曰："子入世不能与人群，独行而已。"则又按剑噁。呜呼！是何于名誉则欲其独，而入世则以独为大邮也？彼痼俗也，僮子且然，而况丈夫哉！眯夫，其乱于独之名实夫！大独必群，不群非独也。是故卓诡其行，虓然与俗争，无是非必胜，如有捲勇，如不可敌者，则谓之鸷夫而已矣；厚其泉贝，膏其田园，守之如天府之宲，非己也，莫肯费半菽也，则谓之啬夫而已矣；深谿博林，幽闲以自乐，菑华矣，不菑人也，觞鸟矣，不觞宾也，过此而靓，和精端容，务以尊其生，则谓之旷夫而已矣。三者皆似独，惟不能群，故靳与之独也。大独必群，群必以独成。日红采而光于鼌，天下震动也；日柳色而光于夕，天下震动也；使日与五纬群，尚不能照寸壤，何暇及六合？海尝欲与江河群矣，群则成一渠，不群则百谷东流以注壑，其灌及天表。曰：与群而成独，不如独而为群王。灵鼓之翁博，惟不与吹管群也，故能进众也。使嘉木与莸群，则莫荫其下，且安得远声香？凤之冯风也，小雏不能群，故卒从以万数。贞虫之无耦，便其独也，以是有君臣，其类浥盛。繇是言之，小群，大群之贼也；大独，大群之母也。

不眯于独，古者谓之圣之合莫。抱蜀不言，而四海讙应，人君之独也。握其节，莫与分其算，士卒无敢不用命，大率之独也。用心不枝，孑然与精神往来，其立言，诵千人，和万人，儒墨之独也。闭閤而省事，思凑单微，发其政教，百姓悦从如蒲苇，卿大夫之独也。总是杂术也，以一身教乡井，有贤不肖，或觥之，或挞之，或具染请之，皆磬折而愿为之尸，父师之独也。吾读范氏书，至《独行传》，迹其行事，或出入党锢。嗟乎！非独，何以党哉？古之人欤，其独而群者，则衣冠与骨俱朽矣。今之人，则有钱塘汪翁。其性廉制，与流俗不合。自湖北罢知县归，人呼曰“独头”（按：独头，语甚古。《水经·河水注》“河北雷首山”引阚骃《十三州志》云：“山一名独头，山南有古冢，陵柏蔚然，攒茂丘阜，俗谓之夷、齐墓。”是则以其狷介赴义，号曰独头，因名其山矣），自命曰“独翁”，署所居曰“独居”。章炳麟入其居，曰：“翁之独，抑其群也。”其为令，斡榷税，虽一锱不自私，府臧益充，而同官以课不得比，怨之：其群于州部也。罢归，遇乡里有不平，必争之，穷其氐，豪右衔忿，而寡弱者得其职姓：其群于无告者也。悖礼必抨弹，繇礼必揎：其群于知方之士也。夫至性恫天下，博爱尚同，輷录以任之，虽贾怨不悔，其群至矣，其可谓独欤？入瞽师之室，则视者独矣；入伛巫跛击之室，则行者独矣。视与行，至群也，而有时谥之曰独。故夫独者群，则群者独矣。人独翁，翁亦自独也，案以知群者之鲜也。呜呼！吾求群而不可得也久矣。抑岂无揖辞以定民者吾与之耦？天下多败群。故西入周南，而东亡命郁銕之野，傥得一二。当是时，水陆未移，官号未革，权概未变，节簜未毁；俎犹若俎，钲犹若钲，羽犹若羽，籥犹若籥，戚犹若戚；而文武解弛，举事丧实，引弓持柄，无政若雨。是为大群之将涣，虽有合者，财比虮虱。于是愯然而流汗曰："于斯时也，是天地闭、贤人隐之世也。"虽然，目睹其支体骨肉之裂而不忍，去之而不可，则惟强力忍诟以图之。余，越之贱氓也。生又羸弱，无骥骜之气，焦明之志，犹憯凄忉怛，悲世之不淑，耻不逮重华，而哀非吾徒者。窃闵夫志士之合而莫之为缀游也，其任侠者又吁群而失其人也，知不独行，不足以树大萃。虽然，吾又求独而不可得也。于斯时也，是天地闭、贤人隐之世也。吾不能为狂接舆之行唫，吾不能为逢子庆之戴盆。吾流污于后世，必矣！

冥契第三十（訄书三十）

章炳麟曰：吾不征伯夷，不尚观于斟雉之史，委蛇黄宗羲之言而斿君禄，曰：天子之于辅相，犹县令之于丞尉，非敻高无等，若天之不可以阶级升也。挽近五洲诸大国，或建联邦，或以贵族共和。贵族之弊曰"寡人"，则大君之尊，曰以骞损，而与列侯、庶尹同班。黄氏发之于二百年之前，而征信于二百年之后，圣夫！且夫鸡雍、桔梗，场圃以为至贱，而中其疾则以为上药。自古妄人之议，常冒没以施当时，卒其所言之中，亦与黄氏等者，盖未尝绝也。予观明武宗自号总督军务威武大将军，兵部宣敕，虽御名不讳，传之后世，以为谈笑。又上求之，则汉灵帝尝内许凉、伍宕之说，谓大公《六韬》，有天子将兵事，因讲武平乐观，躬擐甲介马，称无上将军。此事稍不章。要之，二君皆淫酗昏虐之主，佻狎自丧，替其赤刀，诚无不酿嘲于后世者。然挽近尚武之国，其君皆自称元率，或受邻国武臣官号，佩其章韨，恹然勿以为怪，而戎事日修，则天子诚与庶官等夷矣。嗟乎！彼汉、明二主者，其惽欤？其逆计至是也？事之闯然而得之者，千世以后，辄与之相契合。章炳麟曰：肖乎君子，大哉黄中通理！南人曰：夏姬之蹙额，其里连衽；戚施效之，蹙其额，其里无炊灶。章炳麟曰：戚施之蹙额，其里无炊灶；夏姬效之，蹙其额，其里连衽。名实未亏，而爱憎相贸。于是知妄人之议不竟非，而举其事以酿嘲者，适咫尺之见也。

章炳麟曰：中夏之王者，谓之天子。是故言苍牙者，以为出于东皇大一；而创业之主，其母必上帝冯身以仪之。吾读浮屠书，称帝曰帝释，亦曰释提桓因。是无他，彼塞种者，其氏曰释迦，以其王为出于上天，而因以其氏被之。惟牟尼狭小其说，摈排上帝，而犹谓之瞿释迦氏（一作憍尸迦，亦称憍陈如，并一音之转）。彼神灵其国主，翕然以为出于朱鸟权衡之宿。其于中夏，一何其榘范之合也？自东自西，自南自北，凡长人者，必雄桀足以欺其下，以此羑民。是故拱揖指麾，而百姓趋令若牛马。章炳麟曰：大哉黄中通理！章炳麟曰：《封禅书》有八神将，太公以来作之，而天主其一也，则邪苏以为号。《六韬》曰："武王伐纣，雪深丈余，有五车一马，行无彻迹，诣营求谒。太公曰：'此天方之神来受事。'遂以其名召入，各以其职命焉。"（见《旧唐书·礼仪志》引。《太平御览》十二引《阴谋》所载，与此略同）则穆罕默德以为号。是二子者，西隔昆仑，而南隔黄支之海，未尝一觌尚父之苗裔，诵其图籍，而称号卒同（天主、天方，皆译语，然不失本意）。岂姜姓四岳之掌宾饯者，其怪迂之说固多欤？天降时雨，山川出云。章炳麟曰：肖乎君子，大哉黄中通理！

通法第三十一（訄书三十一）

帝王之政，不期于纯法八代。其次箸法，维清缉熙，合符节于后王，足以变制者，则美矣。周之克商，矢圭矢宪，与九鼎比尊。宪者，前代之图法，今以因革者也。明昭有刘，施于朱氏。

汉之政，可法有二焉。天子曰县官，亦曰国家（汉马第伯《封禅仪记》："国家御首辇，人挽升山。"又云："国家台上北面。"是称天子为国家也。法王路易十四曰"朕即国家"，中国固用此义）。此其过制淫名。以土之毛，当会敛于己。然其名实自违，卒有私财，足以增修宫馆，得无亏大农经费。《新论》有曰："汉定以来，百姓赋敛，一岁为四十余万万。吏奉用其半，余二十万万臧于都内，为禁钱。少府所领园地作务，八十三万万，以给宫室供养诸赏赐。"（《御览》六百二十七引桓谭《新论》。按：少府所入，不应倍天赋敛。盖是积岁羡余，非一年收入如此。然不审所据为何年，要指其著书时也）此为少府与主赋敛者分。帝有私产，不异编户，后王以皇室典范所录别于赋税者也。景、武集权于中央，其郡县犹得自治。古之王度，方伯之国则有三监。大国相也，其命曰"守"。故管仲言"有天子之二守"（《左》僖十二年传），栾盈亦以士匄为"王守臣"。（《左》襄二十一年传）小国相也，其命曰"令"。故楚以子男，令尹辅之。及秦罢侯，而阖置其孤卿；郡则御史监之，其主者言"守"，其下县道言"令"，皆因前世建国之差率以为比（晋侯问原守，史起为邺令。先秦之世，以方部大吏为守令，业有萌芽。要本被以相国之号，以为尊荣，亦犹后世藩镇之带京衔也。集成箸法，则自秦始）。是故郡县之始，亡大异封建。汉氏因之，太守上与天子剖符，而下得刑赏辟除。一郡之吏，无虑千人，皆承流修职，故举事易而循吏多。成哀之末，纲纪败于朝，吏理整于府。至于元始，户口最盛矣。其县邑犹有议院。《稿长蔡湛碑》阴曰“贱民、议民”，与“三老、故吏、处士、义民”异列。议民者，西方以为议员，良奥通达之士，以公民参知县政者也。贱民者，西方以为私人厮役扈养，不及以政，不得选人，亦不得被选者也。此其名号炳然。国命不出于议郎，而县顾独与议民图事，与今俄罗斯相类。凡汉世道路河渠之役，今难其费，彼举之径易者，无虑议院之效。后王觖望于斯制，如其初政，则因是也。新与晋、魏、隋、唐之政，可法有一焉。汉承秦敝，尊奖兼并。上家累巨亿，斥地侔封君，行苞苴以乱执政，养剑客以威黔首；专杀不辜，号无市死之子；生死之奉，多拟人主。故下户踦岖无所跱足，乃父子氐首奴事富人，躬率妻帑为之服役。故富者席余而日炽，贫者蹑短而岁蹙，历代为虏，犹不赡于衣食；岁小不登，流离沟壑，嫁妻卖子，伤心腐臧，不可胜陈（《通典》一引崔寔《政论》译如此）。新帝复千载绝迹，更制“王田”，男不盈八，田不得过一井。此于古制少奢。荀悦以为废之于寡，立之于众，土田布列在豪强，卒而革之，并有怨心，则生纷乱。此其所以败也。然分田劫假之害，自是少息。讫建武以后，乡曲之亲，无有兼田数郡，为盗跖于民间，如隆汉者矣。大功之成亏，亦不于一世也。晋之平吴，制：“男子一人占田七十亩，女子三十亩。其丁男课田五十亩，丁女二十亩；次丁男半之，女则不课。”然仕者犹差第官品，以得荫客。及元魏，制均田：“诸男夫十五以上，受露田四十亩，妇人二十亩，奴婢依良。丁牛一头受田三十亩，限四牛。所授之田率倍之，三易之田再倍之。”“民年及课则受田，老免及身没则还田，奴婢、牛随有无以还受。诸桑田不在还受之限。”“初受田者，男夫一人给田二十亩，课莳，余种桑五十树，枣五株，榆三根。非桑之土，夫给一亩，依法课莳榆枣。”“诸麻布之土，男夫及课，别给麻田十亩，妇人五亩。奴婢依良。皆从还受之法。”“诸人有新居者，三口给地一亩，以为居室。奴婢五口给一亩。”北齐之授露田，夫妇丁牛皆倍魏制，亦每丁给永业二十亩，以为桑田。周制：“有室者田百四十亩，丁者田百亩。”“口十以上，宅五亩；口七以上，宅四亩；口五以下，宅三亩。”隋居宅从魏，永业、露田从齐，而陿乡每丁财二十亩。唐：男子丁、中者，给永业田二十亩，口分田八十亩。老男、疾废，口分半之。寡妻妾，口分田三十亩。先永业者，通充口分之数。黄、小、中、丁男子及老男、疾废、寡妻妾当户者，各给永业田二十亩，口分田二十亩。陿乡所受，口分视宽乡而半，易田倍给。大氐先后所制，丁男受田，最多百亩，少不损六十亩。亩以二百四十步为剂，视古百步则赢。民无偏幸，故魏、齐兵而不殣，隋世暴而不贫。讫于贞观、开元，治过文、景。识均田之为效，而新室其权首也。夫农耕者，因壤而获，巧拙同利。一国之壤，其谷果桑榆有数，虽开草辟土，势不倍增。而商工百技，各自以材能致利多寡，其业不形。是故有均田，无均富；有均地箸，无均智慧。今夏民并兼，视他国为最杀，又以商工百技方兴，因势调度，其均则易。后王以是正社会主义者也。朱梁之政，可法有一焉。奄寺，周而有之，至汉转盛；江左晋、宋几绝，而不能讖尽也（按：晋、宋二志，惟大后三卿，似为奄官，其余未见有位者。西晋贾后时，有宦者董猛，稍稍用事。东晋及宋，史传虽间见奄儿，然其箸者极鲜。固繇矜重流品，不使刑人干位。又元帝以相王草创，宋武素不好弄，故裁减奄官，几于尽绝也）。唐法魏、周，中官复贵。此非独以分权陵主当去，无罪而宫人，固无说焉。梁大祖龚行其罚，践位以后，切齿于薰谈，改枢密院曰崇政院，以敬翔为院使，不任中人，虽趋走禁掖者亦绝。及李氏破汲，诏天下求故唐宦者悉送京师。此梁无奄寺之征也。嗟乎！淫昏不道之君，作法于齐，犹高世主。生民载祀四千，而间十七，文德之流，轶于汤、武矣。后王欲循理饬俗，观视四夷，可无鉴是邪？明之政，可法有一焉。初罢行省，主疆域者曰布政使，凡理财、长民、课吏皆责之，西方之知事是也。按察使，掌刑名廉劾之事，西方诸裁判所是也。都指挥使（秩正二品，与当时布政使同秩）掌治军政，率其卫所以隶于五府，而听于兵部，西方之师团是也。三司同位，不相长弟，贤于后嗣常设督抚。后王式之，按察与布政分，则司法、行政异官之隧也；都指挥与布政分，则治戎、佐民异官之剂也。

哀乎！中夏之统一，二千年矣。量其善政，不过于五，然世犹希道之，斯足为摧心失气者也。及夫东晋之世，君臣有礼，而唐陈诗不讳，得尽见朝政得失、民间疾苦，此亦其可法者。然当时自以习贯率行，将法典之非成文者，故不陈于大禘也。

官统上第三十二（訄书三十二）

“天不一时，地不一利，人不一事，是以箸业不得不多，人之名位不得不殊。方明者察于事，故不官于物而旁通于道。”（《管子·宙合篇》语）盖先圣刘歆有言：“《书》曰：‘先其算命。’本起于黄钟之数，始于一而三之，三三积之，历十二辰之数，十有七万七千一百四十七，而五数备矣。”“太极元气，函三为一。极，中也。元，始也。行于十二辰，始动于子。参之于丑，得三。又参之于寅，得九。又参之于卯，得二十七。又参之于辰，得八十一。又参之于巳，得二百四十三。又参之于午，得七百二十九。又参之于未，得二千一百八十七。又参之于申，得六千五百六十一。又参之于酉，得万九千六百八十三。又参之于戌，得五万九千四十九。又参之于亥，得十七万七千一百四十七。此阴阳合德，气钟于子，化生万物者也。”（《律历志》说。本《史记·律书》，而去其余分）自子至亥，数以三积。《易》曰“亥子之明夷”（《易》“箕子之明夷”，赵宾作“荄兹”，云“万物方荄兹”也。惠定宇以为“亥子”虽非其本文，而训读则极当。《律历志》云“该阂于亥”，“孳萌于子”，是其义也），算命所取法，则在于是。彼明夷者，箕子、文王所公也。然阴阳气无箕子。箕子言五行，出于《雒书》；文王言八卦，《河图》也。是故言“元年”者，以“王”为文王，而摈箕子于海外营部之域，使无乱统。如彼积数至于十七万七千一百四十七者；是安用邪?

章炳麟曰：此谓官制之大数，在察玉衡，箸于方明者也。凡官，皆以一统三。昔者管仲之治齐也，曰：“参国起案，以为三官，臣立三宰，工立三族，市立三乡，泽立三虞，山立三衡。”（《齐语》）而临下相统，亦往往以三三积之。文王之立政也，“罔攸兼于庶言、庶狱、庶慎。”“庶慎”者，何也？公羊董仲舒《官制象天》曰：“三臣而成一慎，故八十一元士，为二十七慎，以持二十七大夫；二十七大夫为九慎，以持九卿；九卿为三慎，以持三公；三公为一慎，以持天子。天子积四十慎，以为四选。选一慎三臣，皆天数也。”然则“慎”者，三之别称。《秦风·小戎》传曰：“胁驱，慎驾具，所以止入也。”此因止骖马之入以为名。“慎驾具”者，若言“三马之驾具”矣（乘马实有驷牡。然骖之命名，实因驾三而起。盖一服两骖，非骖服皆两也。慎驾具亦本此为名。而驷马之两骖驾具，即因名于是）。厥以慎名官者。《汉书·高惠高后文功臣表》：厌次侯爰类，“以慎将，元年从起留”。慎将，为楚汉时官号，犹明之参将也（明《取官志》：总兵官，副总兵，参将，无品级，无定员。此参将与总兵、副总兵为三，慎将之名犹此矣。师古言“以谨慎为将”，义甚迂曲。汉初厩将，弩将、刺客将等，命名皆从其职，无以空言立号者。以慎为三，周、秦、汉之通言，故董氏用之）。夫慎者，三物之称；自上以下，积乘以三，故曰“庶慎”；僚佐辅殷，置自上官，故文王罔兼。此则官以三乘之义，明矣。先圣荀卿曰：后王之成名，“爵名从周”（《正名》）。明三百六十官者，其法为春秋所因。及夫三公、九卿、二十七大夫、八十一元士，以成百二十官，如不契合。然百二十官，未及中下士也；三百六十官者，下逮是矣。因元士八十一而参之，则二百四十三为中下士数，以增百二十官，则为三百六十有三。故董氏《爵国篇》曰：“八十一元士，二百四十三下士。”又曰：“天子分左右五等，三百六十三人。”而谓之“周制”，夫何不合之有乎？（按：二十七大夫，八十一元士，二百四十三中下士，皆谓其职名，非谓其员数也。如言以大夫为长官者，有二十七职；以元士为长官者，有八十一职。非谓大夫祇有二十七人，元士祇有八十一人也。《周礼》一官而有数大夫、数士者不少，然其官祇三百六十耳。况乡遂都鄙之正长，同此一官，而其员以千百计，虽尽中下士之数，犹不足充乎！又按：三公、九卿、二十七大夫、八十一元士之说，《王制》及《尚书大传》皆同。郑君注《大传》曰：“自三公至元士，凡百二十，此夏时之官也。周之官三百六十。《礼志》曰：有虞氏官五十，夏后百，殷二百，周三百。近之，未得其实也。据夏、周推其差，则有虞之官六十，夏后氏百二十，殷二百四十，周三百六十，为有所法。”鄙意《明堂位》说似与此不相涉。《大传》又言："舜摄时，三公、九卿、百执事，此尧之官也。故使百官事舜。"则又谓先舜时已有百二十官，亦与《明堂位》官五十相戾。窃谓古制芒昧，学者多以周制说虞夏，或以虞夏制说周，纷如纠缠。今从《考工记》"外有九室九卿朝焉"之文，定为周制。至所谓九卿者，即六卿与三孤，而三孤亦必兼六卿所属之官。如师氏、保氏，或言即是师保，殆其然欤）自午以下，至亥六等，其数至于十七万七千一百四十七，是为胥史陪属，递统而相增。六等者，何也？士之所臣曰皂，皂臣舆，舆臣隶，隶臣僚，僚臣仆，仆臣台也。是在《春秋传》则比十日，今乃比于十二辰者，《传》有王、公、大夫、士，而大夫弗别于卿、士，又弗别元与中、下，是以为十；别之是以为十二，非其相舛盭也。《周官》府史胥徒之制，不皆以三相乘，虽其上亦然（如大夫，亦不止二十七职也）。要之，道其较略而已。千里之路，不可扶以绳；万家之都，不可平以准。苟大意得，不以小缺为伤。必若引绳切墨，而以三制之者，虽倕、商高为政，固勿能也。且夫爵名则因于周，若春秋所为斟酌损益者，亿甚众矣。是故荀子有《序官》（《王制》），其名或异《周礼》，然犹十取其七八，故曰文王之法云尔。及夫箕子所飏言，则以五行为臬柷，斯太古夏殷之成宪，而周时毁弃久矣。荀子道桀纣之世曰：古者天子千官，诸侯百官。以是千官，令行于诸夏之国，谓之王；以是百官，令行于竟内，谓之君（《正论》）。夫其千官者，则《郑语》言"合十数以训百体，出千品，具万方"，《楚语》言"百姓，千品，万官，亿丑"是也。是皆以十相乘，然其本则在"以土与金木水火杂，以成百物"（《郑语》）。所谓五物之官，则《传》言"物有其官"，"故有五行之官"，"列受氏姓"，是已（《左》昭二十九年传）。古者计官，自士而止，不及皂舆陪属。故以三乘者，其下虽尚有六等，而曰三百六十矣；以十乘者，其下虽有万官亿丑，而曰千官矣。千官之法，本于五行，是则皞、顼、夏、商所意见闿置（金氏《求古录》谓“周以前，皆五官。《甘誓》召六卿，郑谓即周之六卿。不知《周官》所云‘军将皆命卿’者，谓选将而命之为卿，必非使大宰、司徒等六卿将之也。不可据此谓夏有六官”。其说最塙。下《曲礼》：“天子建天官，先六大，曰大宰、大宗、大史、大祝、大士、大卜，典司六典。天子之五官，曰司徒、司马、司空、司士、司寇，典司五众。天子之六府，曰司土、司木、司水、司草、司器、司货，典司六职。天子之六工，曰土工、金工，石工、木工、兽工、草工，典制六材。”郑曰：“此盖殷时制也。周则大宰为天官，大宗曰宗伯。宗伯为春官，大史以下属焉。”“司士属司马”，府则“皆属司徒”，工则“皆属司空”。案：此为殷时五官之明证。周时始立六官，《通典》二十三云：“自宋、齐以来，多定为六曹，稍似《周礼》。至隋六部，其制益明。大唐武天后，遂以六部为天、地、春、夏、秋、冬六官。若参详古今，征考职任，则天官大宰当为尚书令，非吏部之任。今吏部之始，宜出夏官之司士。”杜君此说，精审绝伦。周代冢宰，实为三公之副，若汉时以御史大夫副丞相矣。故小宰注谓“若今御史中丞”。明大宰若御史大夫也。后汉以御史大夫为司空，则为论道之职，而众务悉归尚书，故冢宰又若后汉以来之尚书令也。杜君又谓算计之任，本出于天官之司会。案近世普鲁士有会计检察院，直隶国王，为特立官。古者则以直隶宰臣。汉初张苍善算，以列侯主计，居相府，领郡因上计者，谓之计相。然则司会属于天官，犹计相居于相府，益明大宰是副相矣。又，世人多怪禁掖冗官，隶于大宰。不知大宰实兼统五官，而官于禁掖者，于五官并无所归，故直隶大宰耳。其与五官同列为六者，犹后汉至唐，以令仆与谈曹尚书同为八坐也。而六官取法，则与夏商以前取法五行者大异，盖神权始衰矣。又寻夏官司士，掌群臣之版，岁登下其损益之数，以德诏爵，以功诏禄，以能诏事，以久奠食。司士仅下大夫，则进退百僚，非其所任。盖官吏名籍，集于司士，所谓德、功、能、久者；自据其长官所考以诏王，非自任铨选也。此与汉世选部略似，而权尚不逮。若殷置司士，乃为五官之一，则与晋后之吏部一致，进退黜陟，专制于一人矣。上选卿尹，则非敬忌择人之道；下选榦佐，则非庶慎罔知之义。此魏、晋以来之积弊，而殷法已为其前导。故文王立政，大革斯制，然则以大宰为神官，以司士执铨柄，皆殷法之乖缪者，是以爵名从周也），而箕子以为王府之葆臧者（《隋书·倭国传》，其内官有十二等："一曰大德，次小德，次大仁，次小仁，次大义，次小义，次大礼，次小礼，次大智，次小智，次大信，次小信。"夫以五官分职，实始五行之官。日本文教，受自百济王仁。隋《百济传》固言百济之先，出自高丽。则知以五德命官，必出于箕子也）。当殷之衰，"昊天不飨者六十年，麋鹿在牧，蜚鸿满野。厥登名民三百六十夫，故能不显，亦不宾灭。"（《逸周书·度邑篇》）以是知文王之为方伯，既尝改官，即每职举其一人以土殷室。故《周官》非肇制于公旦。父子积思，以成斯业，信其精勤矣。自周而下，设官在乎理财正辞，禁民为非，而司天属神之职，有所勿尚。象物以五者，特兵事之斥候旌旟耳。儒有一孔，不法后王，而眩于神运，故荀子之讥子思、孟轲曰："案往旧造说，谓之五行。"（《非十二子》）则箕子之法，必不行于域中，而文王得持其元，故曰大一统也。《春秋传》于昭之五年，筮叔孙氏筮得《明夷》事，则曰"《明夷》，日也。曰之数十，故有十时，亦当十位。自王以下，其二为公，其三为卿。日上其中，食日为二，旦日为三。"亦以见《明夷》之以日定位，久矣。而其言

“亥子”者，则周室取之，以为官成之大齐者也。

问曰：斥候旌旃，象物以五，何事也？应之曰：《春秋传》曰“明其五侯。”贾逵曰：“五候，五方之候，敬授民时，四方中央也。”（昭二十三年）其后军候亦如之，故曰：“军行，右辕，左追蓐，前茅虑无，中权，后劲，百官象物而动，军政不戒而备。”（宣十二年传）物者，旗物也。上《典礼》曰：“行，前朱雀而后玄武”（雀，今本误鸟），左青龙而右白虎。招摇在上，急缮其怒。“则辕者，雄也”（雄，从萑声。《说文》：“萑，读若和。”《大司马》：“以旌为左右和之门。”注：“军门曰和。”《穀梁》昭八年传：“置旃以为辕门。”是辕门即和门。辕、雄音皆近和，故可通借）《考工》鲍人言“欲其荼白”，荼者，雄苕（《诗》传）右雄，即右白矣。蓐者，鹿蓐草也。《释草》所谓“菉王刍”者（某氏注谓“鹿蓐”，孙炎注谓“蓐草”，郭注亦同），其色绿，《小雅》“终朝采绿”，则是矣。追，画也（《诗》“追琢其章”，传：“追，雕也。”《广雅·释诂》：“彫，画也。”又“弴弓”，《公羊解诂》作“彫弓”。《说文》：“弴，画弓也。”是彫本有画义。追则与彫双声通借）。“左追蓐”，即“左画青”也。茅虑无者，茅虑，则《释草》所谓“茹藘茅蒐”也，“无”其余声。茅蒐可以染绛，其声合则为韎。“前茅虑”而“前朱”，明矣。权者，《释草》曰“黄华”，《释木》曰“黄英”，郭璞曰“牛芸草也”。《小雅》“芸其黄矣”，传亦云“芸，黄盛也”。故“中权”者，中央用黄色也。劲者，《释草》曰“葝，鼠尾”，孙炎以为“可染皂”。“后劲”，“后玄”也（凡七入之缁，六入之玄，皆得以皂通称）。《曲礼》独以军行载旗为义，传即旁及斥侯（旧解传者，皆支离。今考正如此）。军中以徽识物色教目依于五方，非以为神怪。及其末流，而有

《卫侯官》十二篇，入阴阳家（《汉·艺文志》）。侯官者，侯官也。

官统中第三十三（訄书三十三）

七十一圣之官，命禄尽于今，陈诸东序，不为下国缀游。然其称号磨灭，或倪见于四裔与后嗣王所布法，而幽隐不箸者，第而录之。非苟为采获异闻，凡近世鸿胪、中允（即中盾）诸职，因名于古，而十世以后称其卓诡考迹者，称吾世也。

《虞书·尧典》称“内于大麓”。郑君说《大传》曰：“麓者，录也。”《新论》亦云：“昔尧试于大麓者，领录天子事，如今尚书官矣。”（刘昭《百官志注》引）《论衡·正说》曰：“言大麓，三公之位也。居一公位，大总录二公事。”其说虽异古文以为“山足”，要之言相位者，必有所从受。及拟以录尚书事，则诬也。

繇汉而上，官号多难知，若长秋、光禄勋，其解诂犹近钩鈲，宁独上世？余读《汉书·乌孙传》，说其国官制曰：“相大禄，左右大将二人，侯三人，大将、都尉各一人，大监二人，大吏一人，舍中大吏二人，骑君一人。”自左右大将以下，皆汉语译录，独“大禄”非汉称。传又言：“昆莫有十余子，中子大禄强，善将；大子有子曰岑陬。”其下言：“岑陬者，官号也。”此则乌孙自以官称其人，即大禄为乌孙语，明矣。相大禄者，一官。大禄从主人，相从中国。史官所记，音义偕箸之也。都护韩宣奏“乌孙大吏、大禄、大监，皆可赐金印紫绶，以尊辅大昆弥”，明“大禄”为股肱贵臣，而与“大麓”译音正同，则《虞书》所说为相位，乌孙取于古官旧号，豁然矣。

乌孙故在祁连、敦煌间，后乃他徙（见《张骞传》），与瓜州允姓故邻壤，当舜时则郰成地也。隋《西域传》言高昌王坐室，画鲁哀公问政孔子像，其官曰“令尹”，曰“公”，多取周、秦以上。高昌于汉，则车师前王庭，今为土鲁番、辟展二城；当中世声教殊绝，犹上法《周官》，以为光宠，况于舜世，东西固未鬲也？故孔子称“天子失官，学在四夷”，而杨子云喜识绝代方言，信其有征哉！

“羲和作占日，尚仪作占月。”（《世本》及《吕氏春秋·勿躬》文）羲、和分，而皆有仲叔。及王莽，则合羲和为一官，亦犹秦之合仆射也（上《檀弓》：“扶君，卜人师扶右，射人师扶左。”注：“卜当为仆，声之误也。仆人、射人，皆平生时赞正君服位者。”故秦置谒者、侍中、尚书，皆有仆射，并仆人、射人为号。谒者辈皆近臣也。其后遂泛及他官，取其领事之号。《百官公卿表》谓古者重武官，有主射以督课之。非其实也）。综校其实，既远起东周矣。

《文侯之命》言“父义和”者，郑以为晋仇其字义和，固无征也。马从孔安国故，以为晋重耳，其云“父能以义和我诸侯”，亦愈曼衍矣。义和者，羲和也；赐弓矢鬯以为侯伯，比于唐官分宅四方者。故取其尊号，而曰羲和。羲、和故分，尚仪亦非一名。《大传》曰：“仪伯之乐舞，鼚哉！”此其仪也（《大传》注：“仪当为羲，羲仲之后也。”按，下又有“羲伯之乐舞将阳”，则此非“羲”之误。郑以下言羲伯为羲叔之后，此为羲仲之后。然同言羲伯，不应如此无辨。故知此仪伯，为“尚仪”之“仪”，非羲伯也），周世法之。《大雅》有“维师尚父”，《故训传》以为“可尚可父”，惟《别录》亦言“师之、尚之、父之”。此皆近望文生义。师者，大师；尚父者，尚也。大公之赐履而征五侯，其职侪于仪伯，故曰“尚父”。

周之爵号，秘逸者多矣。三晋之世，天子赏魏文侯以“上闻”（见《吕氏春秋·下贤》。旧作“上卿”。《汉书·樊哙传》如淳注引作“上闻”）。若羲和、尚父者，宁一事邪？

周之六典，亡三老、五更。三老，公也。五更者，世疑其出于秦官。秦爵：十二左更，十三中更，十四右更。皆以主领更卒，部其役使。凡将军，有前、后、左、右（《百官公卿表》），而大将军居中，而主莫府。故主领更卒者五人。

章炳麟曰：秦无儒，袒而割牲，执酱而馈，执爵而酳，尚首虏之国不有也。夫庶长、不更之号，夙箸于《春秋》纬书。《文耀钩》曰：“成周改号，苌弘分官。”（《续汉书·律历志》虞恭、宗䜣等引）弘其取于秦官而建五更矣。今叔旦所制，既出山岩屋壁，独苌弘后定者不传。然其足以拨乱反正，宁不得与于苍姬之典乎？

屈原称其君曰“灵修”，此非诡辞也。古铜器以“灵终”为“令终”。而《楚辞》传自淮南（《楚辞》传本非一，然淮南王安为《离骚传》，则知定本出于淮南），以父讳更“长”曰“修”，其本令长也。秦之县，万户以上为令，减万户为长。此其名本诸近古。楚相曰“令尹”，上比国君（尹即古君字。故《左氏春秋》“君氏”，《公羊》作“尹氏”。上世家族政体，君父同尊。父从又持杖，尹亦从又持杖。《丧服传》曰：“杖者，爵也。”）其君曰“令长”，下比百僚。（楚官有“莫敖”，其君早殇及弑者亦曰“某敖”。敖本酋豪字，犹西旅献豪，今作“獒”也。此亦君号同臣之一事）南国之法章，君臣犹以官位辨高下，故参用亲羁而无世卿。夫“万物尊天而贵风雨”者，为其“不私暱近，不孽疏远”

也。（《管子版法解》语）

官统下第三十四（訄书三十四）

后王择一相，大吏自相任，守令自司授，辅殷自府辟。如是，则教令一，吏部废，世胥散矣。

章炳麟曰：大武三曾而偃武与力，大文三曾而贵义与德。建官之法，中今之卒病，犹有六术焉。

捐纳则废，年资则废，科举则废，将论官者必于大学。求材于学，洽定之制也。今后王暴兴而置学堂，待其毕业，犹十有八岁，将空位不可以待矣。梅福有言，不循伯者之道。“欲以三代选举之法，取当时之士，犹察伯乐之图，求骐骥于市”也；“以承平之法，治暴秦之绪，犹以乡饮酒之礼，理军市也”。夫遭时阽危，则薮泽之才者，必盛于平世；敷心优贤，不在校官矣。明大祖令中外诸臣，下至仓库杂流皆得举士，传相引擢。是时山林穷居皆得自达。故草昧一切之政，不举于学校，而举于荐引。一术。

议院者，别于科道，治定之制也。上书者，别于通政司之守，定与未定之通制也。当其未定，语无取翔博，言无取成文典。苟便于事，跖之黏牡，越人之不龟手，方伛偻以承之；若其勿便，虽不愆于旧章，蜚蓬之问，三王所不宾。虽然，上书则新旧杂糅，而持新者制之；群议则新旧杂糅，而持旧者制之。故据乱则通封事，乱已定则置议院。二术。

稷之善农，大费之善虞，咎繇之善李法，虽贤圣勿能以代官。因国之关道出乎总理，按察使出乎刑部，鼲犹以为事守，而久更慢驰。其他之凌乱则旧矣！是故革故之政，相材而授之职。自治官、法吏、军帅，专对之使，帑臧之守，起自卒史，上至乎上卿，终身不出其曹。虽有大勋，止乎赐爵矣。三术。

处战国者，以军队为国之大郛，其势则不得不右武。因法既异，因国之文臣，虽握神雀力，持遏必隆之匕首，不足以统驭士卒。八国比合，以陷宛平，其主跳走，督抚则先与密为誓盟。夫以疆圉抗诏，叛也；又逡循多畏，而弗能自立为小国，虚设节镇也；孰用？后王废督抚而建师团，内受命于本兵，外有承宣布政使以长一部。四术。

明制，监司长吏以下，皆避本省。宋政和制，则授官无过三十驿。议者善宋，以朱买臣、毕安敬、张汉周、范仲淹之守本郡为故。之二议者，其失则均也。必不用乡人，则瞢于风土，其举戾民；必专用邻比，而勿远取，僻陋之地风俗弗革，其民将老死不相往来。夫豪俊虽超轶于里闬之士，其材性则大抵不出其里闬。东方日本，有少连焉（《礼记·杂记下》孔子曰："少连、大连，善居丧，三曰不怠，三月不解，期悲哀，三年忧，东夷之子也。"按：日本自神武天皇班功建德，胙土赐姓，于是有国，造县主之号。尔后氏族系膴，贵贱棍淆。逮天武天皇十三年，诏定八等之姓，曰真人，曰朝臣，曰宿祢，曰忌寸，曰道师，曰臣，曰连，曰稻，置以牢笼天下之姓氏。然则以官定姓，虽自天武始赐，实昉于神武也。仲哀天皇，当汉献帝初平、兴平、建安间，始置大连之官，亦因于古。盖是等官族，皆自神武建德赐姓始。神武元年，当周惠王十七年。少连、大连，盖即其时人。故孔子得称之。《论语》少连与柳下惠并称，曏不知其何时何国？今观《杂记》"东夷之子"一语，又证以东方氏族，而知少连、大连之称，犹汉世大小夏侯、大小戴等以氏族箸者，乃始豁然确斯云），其民蹲夷不恭，故贤者犹侏张。西方秦，有子桑焉（《论语》"子桑伯子"，正义曰："郑以《左传》秦有公孙枝，字子桑，则以此为秦大夫。”按，郑盖以子桑、伯子为二人，与包氏异也），其民好稼穑，务本业（《汉·地理志》说秦俗如此），故贤者犹大简，不足以自拔也。今是秦、赵、燕、代、荆、楚、滇、蜀，陆行几万里。铁道未布，游者未能以遍至，赖远宦互革其俗，互增其见闻。必杜绝之，则民死其乡，吏死其牖下，川谷郡县鬲越而不达，风俗臭味窒阂而不流。若是，则其害于文明也最甚。故除吏者，无避本省，亦无迥远；人情有不通，则辅以三老、亭长。五术。

贵贱之情，视其权不视其位；轻重之情，视其禄不视其阶。有位而无权，有阶而无禄，则将军之策命，或厘足以易觞豆。往者有理藩院，则鸿胪寺替矣；有总理通商之臣，则理藩院轻矣。大学士，宰臣也；提督，持斧之帅也。自军机处之设，则内阁无政；自金陵之陷，则提镇为仆妾。至于郎曹观政之士，而不肯与均茵伏，名违其实，权舛其秩，故赏不劝而黜不创。必核其权实，而升降其阶位。其尤冗散无事者，则废。六术。

以是六术，规蒦其建置。若夫增损财益之凡目，则以时定也。章炳麟曰：若古官方之乱，莫泰元魏。县置三令长，郡置三大守，州置三刺史。刺史则皇室一人，异姓二人。守其泯棼，宜勿可以终一爨，然而犹曰“升平之世”，何也？其端未见也。见端而革，以其六典，上诸大旅，震来虩虩，无丧翼鬲，敷天之下，裒时之对，时周之命。

商鞅第三十五（訄书三十五）

商鞅之中于谗诽也二千年，而今世为尤甚。其说以为，自汉以降，抑夺民权，使人君纵恣者，皆商鞅法家之说为之倡。呜呼！是惑于淫说也甚矣。

法者，制度之大名。周之六官，官别其守，而陈其典，以扰攵天下，是之谓法。故法家者流，则犹西方所谓政治家也，非胶于刑律而已。后世之有律，自萧何作《九章》始（汉《地理志》：箕子作“乐浪朝鲜民犯禁八条”。李悝、高祖皆尝有作。然或行于小国，或草创未定之制。若汉唐及今变本加厉之法，则皆萌芽于何），远不本鞅，而近不本李斯。张汤、赵禹之徒起，踵武何说而文饰之，以媚人主，以震百辟，以束下民，于是乎废《小雅》。此其罪则公孙弘为之魁，而汤为之辅，于商鞅乎何与？鞅之作法也，尽九变以笼五官，核其宪度而为治本，民有不率，计画至无俚，则始济之以攫杀援噬。此以刑维其法，而非以刑为法之本也。故太史公称之曰：“行法十年，秦民大说，道不拾遗，山无盗贼，家给人足。”今夫家给人足，而出于虔刘之政乎？功坚其心，纠其民于农牧，使曏之游惰无所业者，转而傅井亩。是故盖臧有余，而赋税亦不至于缺乏。其始也觳，其终也交足，异乎其厉民以鞭棰而务充君之左臧者也。及夫张汤，则专以见知、腹诽之法，震怖臣下，诛鉏谏士，艾杀豪杰，以称天子专制之意。此其鹄惟在于刑，其刑惟在于簿书筐箧，而五官之大法勿与焉，任天子之重征敛、恣调发而已矣！有拂天子意者，则己为天子深文治之，并非能自持其刑也。是故商鞅行法而秦日富，张汤行法而汉日贫，观于汲黯之所讥，则可知矣。繇汤之法，终于盗贼满山，直指四出，上下相蒙，以空文为治。何其与鞅反也？则鞅知有大法，而汤徒知有狴狱之制耳。法家与刀笔吏，其优绌诚不可较哉！且非特效之优绌而已，其心术亦殊绝矣。迹鞅之进身与处交游，诚多可议者，独其当官，则正如檠榜而不可紾。方孝公以国事属鞅，鞅自是得行其意，政令出内，虽乘舆亦不得违法而任喜怒。其贤于汤之窥人主意以为高下者，亦远矣：辱大子，刑公子虔，知后有新主能为祸福，而不欲屈法以求容阅。呜呼！其魁垒而骨骾也。庸渠若弘、汤之徒，专乞哀于人主，藉其苛细以行佞媚之术者乎？夫鞅之一日刑七百人以赤渭水，其酷烈或过于汤，而苛细则未有也。观其定令，如列传所言，略已具矣。吾以为酷烈与苛细者，则治乱之殊，直佞之所繇分也。何者？诛意之律，反唇之刑，非有所受也。汤以为不如是不足以媚人主，故瘁心力而裁制之，若鞅则无事此矣。周兴、来俊臣之酷烈也，又过于鞅，然割剥之憯乱越无条理。且其意亦以行媚，而非以佐治，则鞅于此又不屑焉。嗟乎！牛羊之以族蠡传者，虑其败群，牧人去之而无所遴。刑七百人，盖所以止刑也。俄而家给人足、道不拾遗矣！虽不刑措，其势将偃齐斧以攻榱桷。世徒见鞅初政之酷烈，而不考其后之成效，若鞅之为人，终曰持鼎镬以宰割其民者，岂不缪哉！余观汉氏以降，刀笔吏之说，多传《春秋》。其义恣君抑臣，流貤而及于民。汤之用“决事比”，其最俶矣。自是可称道者，特旌旗之以文无害之名，而不能谓之有益于百姓。是其于法家，则犹大岩之与壑也。今缀学者不能持其故，而以“抑民恣君”蔽罪于商鞅。呜呼！其远于事情哉。且亦未论鞅之世矣。夫使民有权者，必其辩慧之士可与议令者也。今秦自三良之死，后嗣无法，民无所则效，至鞅之世，而冥顽固以甚矣。后百余岁，荀子犹曰“秦无儒”，此其蠢愚无知之效也。以蠢愚无知之民，起而议政令，则不足以广益，而祇以淆乱是非。非禁之，将何道哉？后世有秀民矣，而上必强阏之，使不得与议令。故人君尊严若九天之上，萌庶缩朒若九地之下。此诚昉于弘、汤之求媚，而非其取法于鞅也。藕弟令效鞅，鞅固救时之相而已。其法取足以济一时，其书取足以明其所行之法，非若儒墨之著书，欲行其说于后世者也。后世不察鞅之用意，而强以其物色效之，如孙复、胡安国者，则谓之愚之尤；如公孙弘、张汤者，则谓之佞之尤。此其咎皆基于自取，而鞅奚罪焉？吾所为瀐鞅者，则在于毁孝弟、败天性而已。有知其毒之酋腊而制之，其勿害一也。昔者蜀相行鞅术，至德要道弗踣焉。贾生亦好法矣，而非其遗礼义、弃仁恩。乃若夫挽近之言新法者，以父子异财为宪典，是则法乎鞅之秕稗者也。宝其秕稗而于其善政则放绝之，人言之戾也，一至是哉！夫民权者，文祖五府之法，上圣之所以成《既济》也。有其法矣，而无其人，有其人矣，而无其时，则三统之王者起而治之。降而无王，则天下荡荡无文章纲纪，国政陵夷，民生困敝，其危不可以终一铺。当是时，民不患其作乱，而患其骀荡姚易，以大亡其身。于此有法家焉，虽小器也，能综核名实，而使上下交蒙其利，不犹瘉于荡乎？荀曰“吾宁国政之不理，民生之不遂，而必不欲使法家者整齐而撙绌之”，是则救饥之必待于侁饭，而诫食壶飧者以宁为道殣也。

悲夫！以法家之鸷，终使民生；以法家之刻，终使民误膏泽。而世之仁人流涕洟以忧天下者，猥以法家与刀笔吏同类而丑娸之，使九流之善，遂丧其一，而莫不府罪于商鞅。嗟乎！鞅既以刑公子虔故，蒙恶名于秦，而今又蒙恶名于后世。此骨鲠之臣所以不可为，而公孙弘、张汤之徒，宁以佞媚持其禄位者也。

正葛第三十六（訄书三十六）

临沮之败，葛氏不以一卒往援。昧者讥其无远略，而或解以败问之未通。苟罗骑斥候之疏如是，则政令愈慢矣！皆窥闇者也。法家之所患，在魁柄下移。移者成于从横之辩言，其上则雄桀难御，不可以文法约束者为特甚。故韩非所诛，莫先于务朋党、取威誉。

附录二　纪念先师章太炎先生

先师章先生是革命大家，同时是国学大师，其阶位卓绝，非仅功济生民而已，前世纪之末，士大夫或言变法，或言立宪，议论纷纷，淆乱民听，自先师以历史民族之义提倡光复，“首正大义，截断众流”，百折不挠，九死无悔，而后士民感慕，翕然从风，其于民国，艰难缔造，实为元功。

> 清失其鹿，民国肇兴。虽兵不血刃，百日而成，追惟事前经营之力，所以摩荡人心者，盖十有余年矣。炳麟不佞，始以历史民族之义提倡光复。时前总统孙公屏居日本，交游素寡，初与定交，同谋匡济。既而文字兴祸，絷于上海，海内为之激昂，幸得不死，东抵江户。以天之灵，黄农虞夏之佑我子孙，腾书驰说，不为四百兆人遐弃，内外喁喁，延颈望义。逮乎辛亥，大义举于武昌，十有四省，应如反掌。夫惟历史民族之义，足以为全国斗杓，故举兵不为犯顺，推亡不为篡盗。……
>
> （民国三年《致袁世凯书》）

至于先师学术之大，前无古人，以朴学立根基，以玄学致广大。批判文化，独具慧眼，凡古近政俗之消息，社会都野之情状，华梵圣哲之义谛，东西学人之所说，莫不察其利病，识其流变，观其会通，穷其指归。“千载之秘，睹于一曙。”

庄生之玄，荀卿之名，刘歆之史，仲长统之政，诸葛亮之治，陆逊之谏，管宁之节，张机范汪之医，终身以为师资。

……自揣平生学术，始则转俗成真，终乃回真向俗，世固有见谛转胜者邪。后生可畏，安敢质言。秦汉以来，依违于彼是之间，局促于一曲之内，盖未尝睹是也。乃若昔人所诮，专志精微，反致陆沉，穷研训诂，遂成无用者，余虽无腆，固足以雪斯耻。

（《菿汉微言》）

观此三段引文，语语核实，而先师之神解聪察，丰功伟绩，已可窥见一斑。若其闳眇之旨，精微之言，著于简策，长留天地，固非浅学如我者所宜妄赞也。今就于己有关者数事，约略述之，以存纪念。

我生也晚，民元前十一年（一九〇一），始由宋平子（名恕，后更名衡）师得闻先师之大名。时末师掌教杭州求是书院，其教法迥异恒常，“取法象山，限规不立，经史子集，任择从事”。对于先师之排满论，宋师阳为反对，阴实赞同，尝曰：“枚叔文章，天下第一”，盖先师别号初为枚叔也。我此后得读《正仇满论》及改定本《訄书》，实由宋师启之。《訄书》当初多未了解，首受感动者，仅仅在《订文》之附录及《哀焚书》至《解辫发》数篇而已。《解辫发》有云：

……共和二千七百四十一年，秋七月，余年三十三矣。是时满洲政府不道，戕虐朝士，横挑强邻，戮使略贾，四维交攻，愤东胡之无状，汉族之不得职，陨涕涔涔曰：余年已立，而犹被戎狄之服，不违咫尺，弗能翦除，余之罪也。将荐绅束发，以复近古，日既不给，衣又不可一得。于是曰：昔祁班孙，释隐玄，皆以明氏遗老，断发以殁。《春秋·穀梁传》曰："吴祝发"，《汉书·严助传》曰："越劗发"（晋灼曰："劗，张楫以为古翦字也。"）。余故吴越间民，去之亦犹行古之道也。……

翦辫变夷，所关非浅，故亦必考据凿凿。全文在先师手订《检论》时已经删去。《訄书》之外，如《中夏亡国二百四十二年纪念会书》、《驳康有为论革命书》等，皆我所百读不厌者。

民元前九年（一九〇三），以《驳康有为论革命书》有云："载湉小丑，未辨菽麦，"又尝为邹容所著《革命军》作序，先师遂与邹容俱被逮。时我在东京编辑《浙江潮》，常从蒋观云先生处，藉知先师狱中状况。一日，观云以先师狱中书视我，书后附写近作诗四首，我求抄以实《浙江潮》，观云即裁下予之。此我得观先师墨迹之始。原纸至今藏在行箧，弥可珍贵，诗录如下：

狱中赠邹容　闰月廿八日

邹容吾小弟，被发下瀛洲。

快翦刀除辫，乾牛肉作糇。

英雄一入狱，天地亦悲秋。

临命须掺手，乾坤只两头。

狱中闻沈禹希见杀　六月十二日

不见沈生久，江湖知隐沦。
萧萧悲壮士，今在易京门。
魑魅羞争焰，文章总断魂。
中阴当待我，南北几新坟。

狱中闻湘人杨度被捕有感　六月十八日

神狐善埋搰，高鸟喜回翔。
保种平生愿，征科绝命方。
马肝原识味，牛鼎未忘香。
千载《湘军志》，浮名是锁缰。
衡岳无人地，吾师洪大全。
中兴沴诸将，永夜遂沈眠。
长策惟干禄，微言是借权。
藉君好颈子，来者一停鞭。

民元前六年畧（一九〇六）阳历六月二十九日，先师出狱，即日东渡至东京，发长过肩，肌体颇腴。闻因狱中食物无盐之故。七月十五日，留东学生在神田区锦辉馆开会欢迎，先师即席演说，其大意首述自己平生历史，次以涵养感情两事勉励大众：（一）“用宗教发起信心，增进国民的道德。”（二）“用国粹激动种性，增进爱国的热肠。”此我亲接先师尊容之始。现将演说摘录数段如下：

兄弟少小的时候，因读蒋氏《东华录》，其中有戴名世、曾静、查嗣庭诸人的案件，便就胸中发愤，觉得异种乱华是我们心里第一恨事。后来读郑所南、王船山两先生的书，全是那些保卫汉种的话，民族思想，渐渐发达。但两先生的话，却没有甚么学理。自从甲午以后，略看东西各国的书籍，才有学理收拾进来。当时对着朋友，说这逐满独立的话，总是摇头，也有说是疯癫的，也有说是叛逆的，也有说是自取杀身之祸的。但兄弟是凭他说个疯癫，我还守我疯癫的念头……大凡非常可怪的议论，不是神经病人，断不能想，就能想也不敢说，说了以后，遇着艰难困苦的时候，不是神经病人，断不能百折不回，孤行己意。所以古来有大学问、成大事业的，必得有神经病才能做到……近来有人传说：某某是有神经病，某某也是神经病。兄弟看来，不怕有神经病，只怕富贵利禄当面现前的时候，那神经病立刻好了，这才是要不得呢！（鼓掌）略高一点的人，富贵利禄的补剂，虽不能治他的神经病，那艰难困苦的毒剂，还是可以治得的。这总是脚跟不稳，不能成就甚么气候。兄弟尝这毒剂是最多的，算来自戊戌年以后，已有七次查拿，六次都拿不到，到第七次方才拿到。以前三次，或因别事株连，或是普拿新党，不专为我一人。后来四次，却都为逐满独立的事。但兄弟在这艰难困苦的盘涡里头，并没有一丝一毫的懊悔，凭你甚么毒剂，这神经病总治不好。（欢呼）或者诸君推重，也未必不由于此。若有人说，假如人人有神经病，办事必是瞀乱，怎得有个条理？但兄弟所说的神经病，并不是粗豪卤莽，乱打乱跳，要把那细针密缕的思想，装载在神经病里。譬如思想是个货物，神经病是个汽船。没有思想，空空洞洞的神经病必无实际；没有神经病，这思想可能自动的么？以上所说，是略讲兄弟平生的历史。

至于近日办学的方法，一切政治、法律、战术等项，这都是诸君已经研究的，不必提起。依兄弟看：第一要在感情。没有感情，凭你有百千万亿的拿破仑、华盛顿，总是人各一心，不能团结。当初柏拉图说："人的感情，原是一种醉病。"这仍是归于神经病了。要成就这感情，有两件事最是紧要的：第一是用宗教发起信心，增进国民的道德。第二是用国粹激动种性，增进爱国的热肠。

先说宗教……孔教、基督教既然必不可用，究竟用何教呢？我们中国本称为佛教国。佛教的理论，使上智人不能不信，佛教的戒律，使下愚人不能不信。通彻上下，这是最可用的。但今日通行的佛教，也有许多的杂质，与他本教不同，必须设法改良，才可用得。……我们今日要用华严、法相二宗改良旧法。这华严宗所说，要在普度众生，头目脑髓都可施舍与人，在道德上最为有益。这法相宗所说，就是万法惟心，一切有形的色相，无形的法尘，总是幻见幻想，并非实在真有。……有的说佛教看一切众生，皆是平等，就不应生民族思想，也不应说逐满复汉，殊不晓得佛教最重平等，所以妨碍平等的东西必要除去。满洲政府待我汉人种种不平，岂不应该攘逐？且如婆罗门教分出四姓阶级，在佛教中最所痛恨。如今清人待我汉人，比那刹帝利种虐待首陀罗更要利害十倍。照佛教说，逐满复汉，正是分内的事。又且佛教最恨君权。大乘戒律都说："国王暴虐，菩萨有权，应当废黜。"又说："杀了一人，能救众人，这就是菩萨行。”其余经论，王、贼两项都是并举。所以佛是王子，出家为僧，他看做王与做贼一样，这更与恢复民权的话相合。所以提倡佛教，为社会道德上起见，固是最要；为我们革命军的道德上起见，亦是最要。总望诸君同发大愿，勇猛无畏，我们所最热心的事，就可以干得起来了。

次说国粹。为甚提倡国粹？不是要人尊信孔教，只是要人爱惜我们汉种的历史。这个历史是就广义说的，其中可以分为三项：一是语言文字，二是典章制度，三是人物事迹……

第三要说人物事迹。中国人物，那建功立业的，各有功罪，自不必说。但那俊伟刚严的气魄，我们不可不追步后尘。与其学欧、美，总是不能像的，何如学步中国旧人，还是本来面目。其中最可崇拜的两个人：一是晋末受禅的刘裕，一是南宋伐金的岳飞，都是用南方兵士打胜胡人，可使我们壮气。（鼓掌）至于学问上的人物，这就多了，中国科学不兴，惟有哲学，就不能甘居人下。但是程、朱、陆、王的哲学，却也无甚关系，最有学问的人就是周、秦诸子……近代还有一人，这便是徽州休宁县人，姓戴名震，称为东原先生。他虽专论儒教，却是不服宋儒，常说：“法律杀人，还是可救，理学杀人，便无可救。”因为这位东原先生，生在满洲雍正之末，那满洲雍正所作朱批上谕，责备臣下，并不用法律上说话，总说：“你的天良何在？你自己问心可以无愧的么？”只这几句宋儒理学的话，就可以任意杀人。世人总说雍正待人最为酷虐，却不晓是理学助成的。因此那个东原先生，痛哭流涕，做了一本小小册子。他的书上并没有明骂满洲，但看见他这本书，没有不深恨满洲。这一件事，恐怕诸君不甚明了，特为提出。（鼓掌）照前所说，若要增进爱国的热肠，一切功业学问上的人物，须选择几个出来，时常放在心里，这是最紧要的。就是没有相干的人，古事、古迹都可以动人爱国的心思。当初顾亭林要排斥满洲，却无兵力，就到各处去访那古碑、古碣传示后人，也是此意……

此演说录，洋洋洒洒长六千言，是一篇最警辟有价值之救国文字，全文曾登《民报》第六号，而《太炎文录》中未见收入，故特地多抄如上。现在中国虽称民国，而外侮日亟，民气日衰，一般国民之怯懦浮华，猥贱诈伪，视清末或且加甚，自非一面提倡佛教，“以勇猛无畏治怯懦心，以头陀净行治浮华心，以唯我独尊治猥贱心，以力戒诳语治诈伪心”，（先师《答梦庵书》中语，见《民报》第二十一号）一面尊重历史，整理国故，其不善者改良之，善者顶礼膜拜之，以养成民族的自信力，前路茫茫，何能有济？

民元前四年（一九〇八），我始偕朱蓬仙（宗莱），龚未生（宝铨），朱逖先（希祖）、钱中季（夏，今更名玄同，名号一致），周豫才（树人），启明（作人）昆仲，钱均夫（家治），前往受业。每星期日清晨，步至牛込区新小川町二丁目八番地先师寓所，在一间陋室之内，师生席地而坐，环一小几。先师讲段氏《说文解字注》，郝氏《尔雅义疏》等，精力过人，逐字讲解，滔滔不绝，或则阐明语原，或则推见本字，或则旁证以各处方言，以故新谊创见，层出不穷。即有时随便谈天，亦复诙谐间作，妙语解颐。自八时至正午，历四小时毫无休息，真所谓“默而识之，学而不厌，诲人不倦”。其《新方言》及《小学答问》二书，皆于此时著成，即其体大思精之《文始》，初稿亦权舆于此。“……讨其类物，比其声均。音义相仇，谓之变易，义自音衍，谓之孳乳。坒而次之，得五六千名，虽未达神恉，多所缺遗，意者形体声类，更相扶胥，异于偏觭之议。若夫囟枀同语，囧扩一文，天即为颠，语本于囟；臣即为牵，义通于玄。真乢出耑𢆉，同种而禅，丮巨父互，连理而发。斯盖先哲之所未谕，守文者之所痀劳。亦以见仓颉初载，规摩宏远，转注假借，具有泰初。……”（《文始叙例》）凡所诠释，“形音义三，皆得俞脉，”豁然贯通，此先师语言文字学之成就，所以超轶清代诸儒。惜我听讲时间既短，所得又极微，次年三月，便因事告归耳。

民元前一年（一九一一），武昌起义后，先师归国，时发谠言，至民国三年，被袁世凯幽禁，愤而绝粒者二次，各至十余日，如曩昔之在西牢，后以爱女北来，又经友人及弟子环吁床前，始渐复食，其后见洪宪之逆谋渐著，益深痛恨。因生平于印度之中兴，期望至切，见诸文字者甚多，如云“……昔我皇汉刘氏之衰，儒术堕废，民德日薄，赖佛教入而持世，民复挚醇，以启有唐之盛。讫宋世佛教转微，人心亦曰苟偷，为外族并兼勿能脱。如印度所以顾复我诸夏者，其德岂有量耶？臭味相同，虽异族，有兄弟之好。……印度自被蒙古侵略，至今才六百岁，其亡国不如希腊罗马之阔远。振其旧德，辅以近世政治社会之法，谁谓印度不再兴者！……”（《送印度钵逻罕保什二君序》）又云：“东方文明之国，荦荦大者，独吾与印度耳。言其亲也，则如肺腑，察其势也，则若辅车，不相互抱持而起，终无以屏蔽亚洲。……”（《印度中兴之望》）五年三月，先师决意出游梵土，赐书命我设法，我便就商于有力者某，托其进言，竟未有成，至今耿耿。其书录于下方：

季茀足下。数句不觌，人事变幻，闻伯唐辈亦已蜚遁。今之政局，固非去秋所可同喻，羁滞幽都，我生靡乐，而栋折榱崩，咎不在我，经纶草昧，特有异人，于此两端，无劳深论。若云师法段干，偃息藩魏，虽有其术，固无其时也。今兹一去，想当事又有遮碍，晓以实情，当能解其忧疑耶。梵土旧多同志，自在江户，已有西游之约，于时从事光复，未及践言。纪元以来，尚以中土可得振起，未欲远离也。迩者时会倾移，势在木救，旧时讲学，亦为当事所嫉。至于老庄玄理，虽有纂述，而实未与学子深谈，以此土无可与语寻。必索解人，非远在大秦，则当近在印度，兼寻迦释六师遗绪，则于印度尤宜。以维摩居士之身，效慈恩法师之事，质之当事，应无所疑。彼土旧游，如钵逻罕，皰什谈君，今尚无恙，士气腾上，愈于昔时远甚。此则仆所乐游也。兹事既难直陈当事，足下于彼，为求二纳牖者，容或有效。若以他事为疑，棋已终局，同归于尽可知矣。又安用疑人为？此问起居康健。

章炳麟白　二十三日

近年，先师讲学苏州，门徒大盛，我欲得有机会，重坐春风。却因奔走南北，未遑登门，而今已矣！末师前卒于民元前二年（一九一〇），先师哀其“怫郁以终”，又谓“……文辞多刺当世得失，常闭置竹笼中……其铁特魁垒之气，没世不可忘也。”（《检论·对二宋》）今年六月十四日先师又遽捐馆舍。国丧典刑，吾将安仰？“学术既亡，华实蘉剥”，呜呼哀哉！

二十五年八月十四日

（原载一九三六年九月十六日《新苗》月刊第八册，又一九三六年九月十六日《制言》半月刊第二十五期“太炎先生纪念专号”，现据《制言》录存。）